《公共关系学》江西高校"课程思政"示范课程（kcsz19025），江西省精品在线开放课程（2019-1-0057），江西省线下一流本科课程，江西省高校育人共享计划课程。

江西省教育科学规划项目《基于"获得感"的专业课程思政育人机制创新与实践（20YB240）》

江西中医药大学"1050青年人才工程"，江西中医药大学案例教学法本土化研究与实践教学团队，江西中医药大学《公共关系学》"金课"课程。

思想政治教育研究文库

———

课程思政视阈下
案例教学德育价值探析

——公共关系学案例示范

王　力　余苏珍　著

光明日报出版社

图书在版编目（CIP）数据

课程思政视阈下案例教学德育价值探析：公共关系
学案例示范 / 王力，余苏珍著 . -- 北京：光明日报出
版社，2021.5

ISBN 978 - 7 - 5194 - 5975 - 8

Ⅰ.①课… Ⅱ.①王… ②余… Ⅲ.①公共关系学—
教学研究—高等学校 Ⅳ.①C912.31

中国版本图书馆 CIP 数据核字（2021）第 072020 号

课程思政视阈下案例教学德育价值探析
——公共关系学案例示范
KECHENG SIZHENG SHIYUXIA ANLI JIAOXUE DEYU JIAZHI TANXI
——GONGGONG GUANXIXUE ANLI SHIFAN

著　　者：王　力　余苏珍	
责任编辑：陆希宇	责任校对：张慧蓉
封面设计：中联华文	责任印制：曹　净

出版发行：光明日报出版社

地　　址：北京市西城区永安路 106 号，100050

电　　话：010 - 63169890（咨询）　63131930（邮购）

传　　真：010 - 63131930

网　　址：http：//book. gmw. cn

E - mail：luxiyu@ gmw. cn

法律顾问：北京德恒律师事务所龚柳方律师

印　　刷：三河市华东印刷有限公司

装　　订：三河市华东印刷有限公司

本书如有破损、缺页、装订错误，请与本社联系调换，电话：010 - 63131930

开　　本：170mm×240mm			
字　　数：186 千字		印　　张：15	
版　　次：2021 年 5 月第 1 版		印　　次：2021 年 5 月第 1 次印刷	
书　　号：ISBN 978 - 7 - 5194 - 5975 - 8			
定　　价：95.00 元			

序

"课程思政"是 2014 年之后出现的概念，源于上海市一些高校力求发挥所有课程蕴含的思想政治教育功能，以形成各门课程育人合力之探索，引起教育界关注。

2016 年全国高校思想政治工作会议上，习近平同志指出："要用好课堂教学这个主渠道，思想政治理论课要坚持在改进中加强，提升思想政治教育亲和力和针对性，满足学生成长发展需求和期待，其他各门课都要守好一段渠、种好责任田，使各类课程与思想政治理论课同向同行，形成协同效应。"① 被认为是"课程思政"的正式提出。此后，"课程思政"的观念日益深入人心。目前，学者们对于"课程思政"的概念表述虽有差异，但其含义趋同，即将思想政治教育寓于、融入高校专业课、通识课的教育实践活动。

高校教师要准确理解"课程思政"的内涵，就必须系统全面地把握习近平总书记关于立德树人的重要论述。党的十八大第一次把立德树人作为教育的根本任务写入党代会报告。此后，习近平总书

---

① 习近平.习近平在全国高校思想政治工作会议上强调：把思想政治工作贯穿教育教学全过程开创我国高等教育事业发展新局面［N］.人民日报，2016－12－09.

记先后在 2016 年全国高校思想政治工作会议、党的十九大、2018 年 5 月北京大学师生座谈会、2018 年全国教育大会、2019 年学校思想政治理论课教师座谈会等重要会议上，就立德树人发表了一系列重要论述，强调要用新时代中国特色社会主义思想铸魂育人，贯彻党的教育方针，把立德树人作为中心环节和根本任务，培养担当民族复兴大任的时代新人，把立德树人的成效作为检验学校一切工作的根本标准等①。因此，可以理解"课程思政"是落实立德树人的重要基础性和全面性工作。

为深入学习贯彻习近平新时代中国特色社会主义思想和党的十九大精神，进一步把贯彻落实全国、全省高校思想政治工作会议精神引向深入，江西中医药大学于 2018 年 4 月立项建设一批"课程思政"示范课程，本人作为课程负责人的《公共关系学》获批立项建设；2019 年 6 月，本课程获批江西高校"课程思政"示范课程立项（项目编号：kcsz19025）。

自从《公共关系学》课程被学校、全省列为"课程思政"示范课程以来，教学团队对标社会主义新时代人才需求，贯彻落实"以人为本"，围绕公共关系的核心精神与思想，完善教学内容与方法，促进"知识传递"与"价值引导"的有机融合。凝练课程思想精髓，培养学生高阶思维，提高教育教学质量。

过去，本课程的教学采用大量的案例教学，广受学生欢迎，收到良好的教学效果。我也借此组建了江西中医药大学"教师工作坊"——案例教学法本土化研究与实践教学团队，以凝聚志同道合之力，研究、推广案例教学方法，培养青年教师。基于上述工作基

---

① 习近平. 在北京大学师生座谈会上的讲话［N］. 人民日报海外版, 2018 - 05 - 03.

础，以及对"课程思政"内涵的理解，决定将案例教学融入专业课思政教育。在 2019 年两个学期的教学实践中，不断完善案例选择的科学性和有效性，赋予案例本身更多的情感价值和理性渗透。案例采集在内容上除了注重与教学内容的吻合性、针对性之外，充分考虑课程德育教育目标融合的准确性与契合性，并且判断学生的认同性和可接受性；采集手段上师生共同参与，共同挖掘与梳理。

需要说明的是，本书整理并分析的案例仅是根据前期教学的经验和积累，以及时事的变化与发展所列。鉴于公共关系学科的时代性与前沿性，案例库本身应是一个开放系统，我们也将根据教学需求进行增补、更新，目的是在"课程思政"教育教学改革的背景下更好地为培养人才服务。

出版该案例集的意图及作用有三个方面：一是可以为从事公共关系教学的教师们提供丰富的教学素材，为有兴趣在这门课程教学中进行"课程思政"教育教学改革的老师提供经验借鉴；同行们可结合校情、学情以及自身的特点，进一步探索其教学形式与应用方法，努力把思想性、理论性、知识性与教学方式上的可接受性有机结合起来，不断增强思想政治教育的亲和力、感染力。二是为学习公共关系学的学生提供一本融知识传递与价值传导的启智读物，聚焦青年思想之关切，着眼于大学生道德修养的熏陶，正面引导、深入解惑，立足于用公共关系思维思考和解决中国经济社会发展的现实问题，筑牢"坚定的政治认同，强烈的国家意识，高度的文化自信，健全的公民人格"育人的四根柱子；增强学生公众意识、形象意识，提高沟通能力，使学生更好地为社会和公众服务。三是为公共关系的爱好者或从业者提供一本有温度、有触感、有质量的专业读物，以期帮助读者拓展视角，启发思维，深入探究。

本书的出版得益于近年来相关部门给予本人在教学质量工程项目及教学改革研究中的大力支持，正是这些项目孕育孵化了该书，而该书亦可看作是这些项目建设的成果之一。

本案例集是在课程教学实践的基础上完成的，感谢江西中医药大学各位同仁的帮扶与照顾，教学切磋，互为嘉惠。我的几位学生孙建强、陈思思、刘巧、卢城城在案例资料采集、整理中付出了辛勤的劳动，并参与了书稿的编写工作，特为致谢。因时间仓促，限于作者水平，书中难免有瑕疵，望读者海涵、指正。

王 力

2020 年 4 月于洪城

前　言

　　《公共关系学》是以公共关系的客观现象和活动规律为研究对象，研究组织与公众之间传播与沟通的行为、规律和方法的一门学科。是以建立社会组织与社会公众之间良好的沟通关系，在社会公众心目中树立社会组织的良好形象为主线贯穿始终的一门综合性的应用学科。《公共关系学》亦是融思想性和应用性于一体的学科交叉课程，其中蕴含着爱国情怀、制度自信、社会责任等大量的德育元素。

　　在上海、浙江等地高校开展"课程思政"改革实践的基础上，2017年12月，教育部颁布《高校思政工作质量提升工程实施纲要》，明确提出大力推动以"课程思政"为目标的课堂教学改革。随即国内"课程思政"改革的研究与实践迅速起步，学者们对于改革的必要性与意义、理念与思路、各类课程与思政课协同育人机制等宏观层面进行了一些探究，但如何将有效的教学方法和学习方法融入"课程思政"的课堂，尚缺少具体研究与实践。

　　案例教学已被证明在大学专业课教学中有良好效果，同行们也积累了丰富的工作经验。然而，面对新时代背景下习近平总书记关于大学办学的"三问"以及"三全"育人之思政教育语境，我们意识到"仅仅将教学方法运用于知识传授中"是远远不够的，教学方法的使用要避免"工具理性思维"，即教学方法的运用是有生命的，理应有其意识性、伦理性、历史使命性等要求。以往的教学研究与实践中忽略了或者说没有深度挖掘案例采集、讲授、讨论、分析过程中的德育元素。因此，在"课程思政"示范课程的建设中，我们将案例教学与专业课程的德育作用进行融合设计与实践，将其作为案例教学法本土化研究与实践的一个突破点、特色点、创新点。

回顾国外案例教学的起源，结合国内外学者的研究成果，案例教学的基本内涵是指在教师（团队）的精心策划和指导下，为了达到特定的教学目标，通过案例作为教学手段，引导学习者进入一个特定事件的真实情境中，通过师生、学生之间的参与、讨论、沟通，提高学生发现问题、分析问题和解决问题的能力，同时培养学生沟通能力、创新思维和团队协作精神的一种开放式教学方法。

当然，由于国内外教育环境的差异，中国的大学生有其特定的知识基础和社会认知基础，在学习、借鉴、融合各种教学方法的基础上，中国本土化的案例教学形成了以下特点。

从教学目的上看，案例教学的主要目的不在于知识的直接传授，而是注重培养学生运用理论知识增强发现问题、解决问题的能力，并通过分析、讨论、沟通等形式的授课方法，提高学生的思维能力和创造力。教学过程中的观点、结论、方案可以有所不同，鼓励学生提出与教师和教材不同的见解，提高学生的综合素质和能力。

从教学内容上看，案例教学的教学内容是通过学生对案例的分析、讨论和教师的引导、组织，开启学生的思路，激发学生的学习兴趣，鼓励其积极思考，提出新见解、新方法，培养学生的创新思维与创造力。

从教学效果上看，案例教学法更具有培养科学分析和解决问题能力的创造性人才的优势。案例教学法引导学生变注重知识为注重能力和素质。案例教学能够较为有效地将知识传授转化为分析、解决复杂问题的能力，培养学生的高阶思维。

从教学关系上看，案例教学法基于学生是认识的主体，强调学生学习的主动性、积极性和良好的自我管理意识，这一过程又与教师的组织、引导、启发相统一。双向的配合需要教学双方重视沟通，教学形式对教师也提出了更高的要求。同时，学生之间的交流可取长补短，促进人际交流能力的提高，也起到相互激励的效果。

基于案例教学法公认的启发性、互动性、开放性的特性，我们在教学实践中根据课程性质、学时、学分情况，主要采用嵌入式案例讲授、典型案例分析、Seminar 研讨三种案例教学方法。嵌入式案例讲授是指在教师讲授核心知识点环节嵌入说明式案例，起到引导、举例、解释之作用，并注重思政元素"隐性渗透"；典型案例分析需要以教师为主导，课前布置学生案例习题，确定课堂角色及职责，师生相互提问与评判，教师总结点评，注重案例思政意义的"无痕植入"；Seminar 研讨则需要提前一周或更长的时间向学生呈现研讨问题，以供学生阅读案例并查询资料、带着想法和问题去开展讨论、准备发言等，教师归纳研讨结论，实现思政教育的"情感共鸣"。

正所谓"教学有法，教无定法，贵在得法。"在此，无意过多讨论方法之比较、选择与规则。不同学校、不同专业，针对不同学生，同行们自有其主见及思考去寻求适合之范式。

《公共关系学》作为一门专业课程，有其特定的文化积淀，虽蕴含丰富的思想政治教育资源，但需要结合课程属性和特点，从不同角度挖掘其历史渊源、社会文化价值、现实发展意义和伦理道德价值，探究其知识逻辑体系中存在的辩证思想。因此，案例本身的政治性、伦理性、历史使命性等需要教学者有敏锐的研判能力。且若要实现"立德树人""全面发展"之育人目的，案例教学的内容、过程、考核如何实现"德业融合"是改革之关键问题，需要同仁们共同努力，持续探索与实践。

目　录
CONTENTS

案例一　好莱坞电影意识形态输出

——警惕西方价值观传播

一、结合课程内容

公共关系传播/大众媒介、传播的要素、传播效果

二、高阶思维引导

电影产业是文化输出的主要标志和重要载体，具有承载并传播出产国文化思想和意识形态的属性。在好莱坞电影文化的冲击下，我们必须从国家意识形态安全的角度来考虑应对措施，必须认识中华民族的特性和警惕对民族文化的认同情结被弱化的现象和趋势，防止并坚决杜绝把拜金主义、享乐主义、极端个人主义作为自己的价值追求和人生目标，甚至崇拜美国的意识形态和社会制度，丧失了社会主义理想和信念，使世界观、人生观、价值观发生扭曲错位。

三、思政育人价值

树立正确的世界观、人生观、价值观。本案例来自一篇学术论文，其重要的思政教育价值在于让学生在学习公共关系知识的同时，提升对电影作为文化载体的认知，不断提高文化素养、涵养、修养，形成正确的文化消费、欣赏、评价态度，辩证考察电影文化意识的内涵及其在意识形态领域的功能源[1]。引导青年学生保持自身不被好莱坞电影中个人英雄主义、纵欲主义、实用主义等思想侵蚀，树立正确的世界观、人生观、价值观。

四、案例内容描述

好莱坞的电影意识形态输出及应对①

当前，随着经济全球化的不断推进，美国凭借强大的经济、科技、文化和军事实力，大肆推行文化霸权主义，进行文化扩张，成为新时期美国称霸的一个重要特征。好莱坞电影产业作为美国文化霸权的主要标志和重要载体，不但是美国经济中的支柱，同时还担负着文化扩张、对外输出美国价值观的重要使命。好莱坞电影已经逐渐构筑成为一种全球化的话语权艺术，而植入其中的好莱坞电影意识形态则有形无形地影响、渗透、改变着人们的思维，在政治、经济、文化、社会、心理、高科技等各个领域影响深远。

---

① 周兵. 好莱坞的电影意识形态输出及应对［J］. 中华魂，2017（1）：18－22.（表述略有改动）

电影意识形态是指以电影为载体表现出来的与一定社会的经济和政治相联系的观念、观点、概念的总和。著名的马克思主义文学评论家弗·梅林曾经指出："一切艺术总是以这样或那样的方式表现其倾向性和政治性的，实际上并不存在非政治的、无倾向性的艺术。"电影中的意识形态涵盖政治、法律、道德、文学、宗教等多种意识形式。电影意识形态理论认为，每一部电影都具有意识形态的立场，在电影中通过特有的叙事和剪辑表达其隐含的意识形态。俄国十月革命时期，列宁就格外重视电影意识形态的作用。他认为，电影是有力的工具，电影这种艺术掌握在社会主义者手中，一定会对群众起到意想不到的作用。法国电影理论家让·路易·博德里在《基本电影机器的意识形态效果》一文中指出，电影本身就是一种意识形态机器，并以一种基本的意识形态效果为基础。

马克思指出："统治阶级的思想在每一时代都是占统治地位的思想。"一个社会的主流意识形态即占统治地位的意识形态是统治阶级的意识形态。在社会主义的中国，占统治地位的是无产阶级和其他劳动者阶级。因此，我国的主流意识形态是反映无产阶级和人民大众经济利益、政治诉求和文化需要的思想体系。好莱坞电影作为传达资产阶级意识形态的工具，不断在全球范围内向外输出，如果不认真研究与应对，将严重干扰我国社会主义核心价值观建设。

1. 麦卡锡主义依旧主导好莱坞电影意识形态

麦卡锡主义对好莱坞电影意识形态的影响可以追溯到 20 世纪 50 年代。1950—1954 年，美国国会参议员约瑟夫·麦卡锡掀起一股极端反共、反民主的政治潮流，被称为麦卡锡主义。在此期间，麦卡锡利用其参议员和参议院政府活动委员会及其常设调查小组委员会主席的职权，在美国全国范围内进行所谓的"共产主义渗透"调查，给众多民主进步人士乱扣共产党的红帽子，对他们实行人身攻击和政治迫害，摧残文化艺术，打击民主和进步力量，制造恐怖气氛。在麦卡锡的极力推动下，美国国会在1950年9月通过《国内安全法》。该法案规定，一切共产主义组织必须向司法部登记，包括成员名单和财务报告。该法案禁止共产党员在政府机关和国防企业工作，禁止给共产党员颁发出国护照。该法案还授权总统，在国家处于非常状态时期，可以把共产主义组织的成员无限期地关押。麦卡锡主义的攻击和《国内安全法》的通过，使美国共产党受到沉重打击，力量大为减弱。

　　文艺界属于与意识形态密切相关的领域，自然也成为麦卡锡关注的重点。麦卡锡及被其操控的"非美活动调查委员会"对好莱坞从业人员制定了臭名昭著的黑名单，认为"共产党已成功在好莱坞影片里灌输了共产主义信息和价值观。"许多导演、演员、编剧被逮捕、关押和审讯。根据1955年9、10月号美国杂志《好莱坞评论》报道，"目前被'非美活动调查委员会'列入黑名单的专业电影工作者已有214名左右，这些人现在已受到影片公司的排斥。"著名戏剧大师卓别林被迫出国漂泊；著名编剧特兰波被捕入狱；作曲家科普兰、作家哈米特及诗人休斯登等被传讯。所有与共产党有关的书籍都被列为禁书，左翼作家白劳德、史沫特莱等75位作家的书籍全部遭禁，著名作家马克·吐温的著作和爱因斯坦的相对论也被列入"危险书籍"。在此期间，好莱坞众多知名公司的老板都成为麦卡锡主义的支持者和推动者，积极参与对共产主义者的清洗。例如，著名的迪斯尼公司创始人沃尔特·迪士尼不但在报纸上发表公告，公开指责共产主义者发动罢工，还与时任联邦调查局局长的埃德加·胡佛密切合作，动用自己的资源在其游乐园和动画片中为联邦调查局服务。法国《世界报》于2002年以《五角大楼和中情局雇用好莱坞》为题，详细地介绍了好莱坞和中情局、五角大楼等机构间的密切合作关系，以及好莱坞如何成为美国政府全球宣传战地的有机组成部分。

尽管麦卡锡主义产生于 20 世纪 50 年代，但自此奠定了好莱坞电影意识形态严格保持"政治正确性"的传统。美国政府为使好莱坞能一直沿着其要求的方向发展，全方位、多层次控制着好莱坞的各个方面。首先是政府层面进行制度上的严格管控，从最早的电影放映审查制度，再到电影分级制，以及奥斯卡评奖体系等。法国著名学者雷吉斯·迪布瓦研究认为，美国政治权力之所以能够完全控制好莱坞，主要依赖于好莱坞的审查制度。这个审查制度体现在三个方面：一是以《海斯法典》为代表的道德层面的审查；二是以麦卡锡主义为代表的政治审查；三是以"电影分级制度"为代表的经济审查。并且"奥斯卡评奖体系又以奖赏最佳影片的名义，显著影响了好莱坞各大制片公司的电影创作与生产，并以极其巧妙的方式提示和诱导观众应该喜欢什么，又应该憎恨什么。"其次是行业内建立完整的工作规范和制作流程，其中包括大制片厂制度、明星制度、工会制度等。这些制度的建立，使制片人、导演、编剧、演员和其他参与电影制作的人员都必须遵守规则，强制接受执行美国价值观。最后是美国国会定期拨款，用来资助电影行业的发展。例如对美国国际性电影节的资助，使这些电影节在举办的时候成为美国电影的招商引资会。英国社会学家托比·米勒说："好莱坞新的电影出口代理机构称自己是'小型的国务院'（即美国外交部），他们的手段与产品和美国的政策与意识形态是如此相似。这也是一个要求美国电影工业加强自律的年代，他们被要求用电影把美国的政策、意识形态和生活方式灌输给全世界。""要求好莱坞的利润计划中加进反法西斯和反共产主义的政治计划。数年来，在所谓的平等竞争幌子下，美国电影工业获得了税收减免、资金扶持、政府协助和少数卖主垄断市场等各方面的优惠。事实上，美国政府出于意识形态和经济利益的考虑，投入了大量的资源来支持和扶植所谓'私人的'电影工业。"美国政治权力对好莱坞的电影产业进行意识形态上的控制，从而将资产阶级意识形态彻底植入好莱坞电影的形式和结构之中，使好莱坞电影意识形态与美国价值观保持了高度一致。

在好莱坞的电影中，几乎随处可见宣扬美国"自由""平等""幸福"场景，通过直观的形象语言和生动的故事将生活现实和意识形态紧密融合在一起，从而唤起观众对美国生活的向往，使其模仿和学习美国人的生活方式、娱乐方式，潜移默化地改变观众的世界观、人生观和价值观。"好莱坞电影就像鸦片一样。自从进入想象的电影的世界，观众就像被催眠一样，没有能力做随意的判断。"华纳公司创始人曾说过，电影的义务就是"教育、激励、并示范自由政府、自由演说、宗教宽容、舆论自由、集会自由。"所以，好莱坞影片中的主角便往往是正义与自由的化身，能够给世界人民带去和平希望的"救世主"。例如在很多军事片中，美国军队被吹嘘成是"威武之师、胜利之师"，更被塑造为"纯洁之师、正义之师"，把美军武力相威胁甚至武力推翻他国政府以获取美国国家利益最大化的侵略战争包裹上华丽的外衣，美化成追求民主与自由的正义之战。在影片《拯救大兵瑞恩》里，美军中严重的种族歧视倾向被忽视，刻意塑造了一个捍卫人权的神话。这种被麦卡锡主义充斥的好莱坞电影意识形态，已经将好莱坞电影产业演变为维护美国国家利益、扩大美国文化霸权的工具和载体。

2. 好莱坞电影意识形态的输出

纵观当今世界电影市场，好莱坞电影已经占据绝对的主导地位，垄断优势不断增强，其投资制作、明星阵营、营销宣传、票房收入、品牌影响力都居世界之首。好莱坞电影意识形态中包含的人生观、价值观、生活方式等内容，使好莱坞电影无疑成为美国文化侵略的急先锋。

20 世纪 90 年代开始，好莱坞电影已经形成全球化态势。好莱坞凭借美国政府的支持与强大金融资本的助推，在全球电影市场的占有率快速攀升，文化影响力得以覆盖全世界。这些年，在加拿大，好莱坞电影占票房收入的 95%；在欧洲，好莱坞电影占票房收入的 75% ~ 80%；在拉丁美洲、亚洲和其他国家和地区，好莱坞电影都占据票房的统治地位。同时好莱坞还借助多种手段来配合电影产业的推广，如迪士尼公司在多个国家建造大型游乐场所，华纳兄弟娱乐公司在世界各地建立影城及环球影片公司等，这种以建设、开发为当地居民提供就业和娱乐的做法极大降低了当地民众对好莱坞电影的抵触情绪。其最耐人寻味的结果是，在世界上不少地区，美国电影已经不再显得是"美国"电影，而成为电影的代名词。就像一位学者所说："美国的大众文化看起来甚至不像是一种进口的东西……"《华盛顿邮报》曾经发表过一篇题为《美国流行文化渗透到世界各地》的文章，其中说道："美国最大的出口产品不再是地里的农作物，也不再是工厂里的产品，而是批量生产的流行文化产品，包括电影、电视节目、音乐、书籍和电脑软件等。"从某种意义上说，好莱坞已经"征服了世界"，我们的地球正在变成一个"好莱坞星球"。

好莱坞电影产业在全球扩张背后都有美国政治权力的身影。美国历届政府都对文化输出极端重视，从而确保了美国对外文化传播战略从政治制度和法律政策上支持美国电影占领世界市场。早在 19 世纪初，美国发表了"门罗宣言"，要把拉丁美洲变成美国的"后院"。美国最初是通过书籍报刊，后来就通过无线电广播、电影、电视等媒介向拉美国家输出有关美国的民主制度、文化价值观和生活方式。冷战时期，美国政府意识到要想取得根本胜利，就要进行思想的输出，需要"美国的文化外交"。1961 年，美国政府要求好莱坞电影要配合美国的全球战略，文化战略成为美国全球战略的重要组成部分。冷战的结局更让美国认为赢得这场战争"不是因为军事强大或是因为外交官的技艺，而是凭借美国制度赖以为基础的民主思想力量"。后冷战时期，美国人"更加注重文化影响的作用"，"试图用美国的价值标准把一个多元文化的世界统一起来"。好莱坞电影意识形态的对外输出就成为冷战后美国实现外交政策目标的重要手段之一。

自 1994 年 11 月 12 日美国首部分账影片《亡命天涯》进入中国内地电影市场，至今分账片配额已经由每年 10 部扩大到每年 34 部，其中好莱坞影片在进口分账片份额中占有绝对的压倒性优势。中国 2015 年引进的 34 部分账大片中，好莱坞电影就占到 32 部，占比超过 94%。近 20 年，美国电影在进口分账片中的比例始终达 80% 以上，这几年已经逐渐超过 90%。20 世纪 90 年代以来，美国历届政府都把文化产品输出当作对华文化外交的重要内容。在中国"入世"谈判中，美国政府不断实施知识产权战略，反复要求中国为知识产权保护做出承诺，强硬地要求中国开放国内文化市场，接纳美国各类影音产品。随着互联网的日渐普及，境外影片、电视剧通过各种非法途径大量涌入内地互联网，影片更新几乎与境外影片公映时间同步，观看、下载的方法也非常便捷。2016 年 6 月，投资规模巨大的上海迪斯尼乐园正式开园，成为内地首家迪斯尼乐园，国内有媒体报道称，迪斯尼将继续在中国筹建主题公园。

这些内容丰富的美国电影产品已经成为国人日常文化消费的重要部分，在中国所产生的影响不仅仅体现在市场份额上，还表现在它对中国观众，特别是青年人的思想影响上。对中国大陆有着深入研究的兰德公司认为，美国影视业要真正打开中国意识形态领域的市场，将要比纯粹的经济领域花费更多、更大的精力。但是，美国必须这样做，因为影视业是中国入世后，美国产品进入中国意识形态领域的第一场巨大战役，胜败如何，直接影响美国在文化领域其他事业的开拓。

不可否认，随着好莱坞电影产业不断在全球扩张，好莱坞电影意识形态也大行其道，与之紧密相伴的新自由主义、西方宪政主义、"普世价值论"等资产阶级错误思潮也随同对外传播。可以说，好莱坞电影"每一次放映的过程就是一次给电影受众价值观重塑的过程。这种重塑的危险性就在于丝毫无视这个主体受众处于何种国家意识形态状态，而在令人难以察觉之时就完成了美国化的国家意识形态建立。"精确嵌入于电影产业的错误思潮更具有欺骗性和传播性，与其他传播途径相比更难以有效防范，极大地冲击和瓦解着中国主流意识形态的控制权。

3. 警惕国内影视文化好莱坞化

习近平总书记指出，增强文化自觉和文化自信，是坚定道路自信、理论自信、制度自信的题中应有之义。如果"以洋为尊""以洋为美""唯洋是从"，把作品在国外获奖作为最高追求，跟在别人后面亦步亦趋、东施效颦，热衷于"去思想化""去价值化""去历史化""去中国化""去主流化"那一套，绝对是没有前途的！在好莱坞的冲击下，我们必须从国家意识形态安全的角度来考虑应对措施，保持自身不被其个人英雄主义、纵欲主义、资本主义思想观念的侵蚀，树立正确的世界观、人生观、价值观，避免国内影视文化的好莱坞化。

首先，要牢固树立马克思主义文艺观，避免金融资本干扰国内影视文化改革方向。2014 年，习近平总书记在文艺工作座谈会上指出，"文艺要反映好人民心声，就要坚持为人民服务、为社会主义服务这个根本方向"；"只有牢固树立马克思主义文艺观，真正做到了以人民为中心，文艺才能发挥最大正能量"。只有牢固树立马克思主义文艺观，社会主义文艺才能在为人民服务的大方向上不迷失，避免只注重经济利益而忽视和牺牲社会效益。随着文化改革发展的不断深入，因为在某些方面监管缺失，金融资本大举进入文化产业并照搬好莱坞电影产业模式，试图干扰国内影视文化的发展，这些行为应该引起我们的警觉。列宁在分析资本主义制度下的文学艺术时，指出在以金钱势力为基础的社会中，"作家、画家、演员不仅不可能有真正的创作自由，因为资产阶级掌握着出版工具"，而且资产阶级的文学艺术是为"饱食终日的贵妇人"和为百无聊赖的"上等人"服务的，资产阶级的文化消费主导着文学艺术创作，资产阶级的作家、画家、演员依赖于资产阶级的"钱袋子"和"豢养"。这说明，当金融资本主导电影产业改革方向的时候，将会把我国电影产业演变成资产阶级的工具。因此，要高度重视意识形态领域斗争的复杂性和严峻性，坚持马克思主义指导地位不动摇，旗帜鲜明地对各种干扰国内影视文化健康发展的错误行为进行毫不留情的批判和斗争。

其次，要加强和改进党对文艺工作的领导。习近平总书记强调："加强和改进党对文艺工作的领导，要把握住两条，一是要紧紧依靠广大文艺工作者，二是要尊重和遵循文艺规律。要从建设社会主义文化强国的高度，增强文化自觉和文化自信，把文艺工作纳入重要议事日程，贯彻好党的文艺方针政策，把握文艺发展正确方向。"陈云同志针对评弹艺术中存在的迎合观众低级趣味，单纯追求票房价值的现象曾一针见血地指出："要用走正路的艺术去打掉歪门邪道，去引导和提高听众，要切实纠正书目和表演不健康的问题，单靠文化部门抓是不够的，必须省委和市委出面来抓才行。"加强和改进党对文艺工作的领导，各级党委要强化宏观指导，把好文艺方向。各级党委宣传部门要发挥统筹指导作用，充分调动各方面力量做好文艺工作，形成党委统一领导，宣传部门总抓，文化、教育、新闻出版、广电、文联、作协等部门和团体协同推进，社会各方面积极参与的新格局。要扎实推进文化事业单位改革，建立健全有利于出作品、出人才的体制机制。要修订、制定促进和保障文艺事业繁荣发展的法律法规，深化文化市场综合行政执法改革。

再次，要开辟新的中国特色社会主义影视的发展途径，加强境外影片的制度管控。"文艺的一切创新，归根到底都直接或间接来源于人民。"创新中国特色社会主义影视的发展必须扎根人民、扎根生活，坚定地实行"双百"方针，深入挖掘社会深层次的东西，正确地反映现实生活，摒弃低俗、庸俗的影视作品，避免电影产业的畸形繁荣。面对好莱坞电影全面的意识形态渗透，国产电影产业应该积极应对，在借鉴、吸收先进电影意识的前提下发展壮大自己。2020 年第 92 届奥斯卡颁奖典礼，韩国电影《寄生虫》获最佳影片、最佳导演、最佳国际影片、最佳原创剧本四项大奖，实现韩国电影、亚洲电影历史性突破，也是奥斯卡史上首部非英语最佳影片。中国电影还应更加大气，多向世界优秀的电影人学习。提高中国电影产业的科技含量，培养新型人才队伍，建立健全相关法规，强化国外影片管理的法律法规。立足于本民族优秀的历史文化，加强文化传播，提升文化话语权，把本国电影推向世界，向世界展示更加优秀的中国人形象和日益强大的国家形象。

五、教学深度反思

电影是一种文化产品，也是青年人文化体验与消费的重要形式。不可否认的是，当代青年基本上都是伴随着美国的好莱坞、韩国的偶像剧成长的一代，文化消费习惯往往对于人的文化认同产生潜移默化的影响。如同在课堂上我问学生的一个问题"看电影时为何要吃爆米花、喝可乐?"学生们回答不知道为什么,只是说"习惯了""觉得相配"。可见,至少在消费层面上,美国的好莱坞电影文化一定程度上已经对青年人群产生了文化认同的植入。

如同案例所描述的,好莱坞电影背后的意识形态渗透更加让青年人猝不及防且影响深远。由美国好莱坞电影文化引发的种种针对中国社会的不良言论和现象,这是美国"和平演变"图谋的真实体现,是美国意识形态霸权主义的真正反映,是后殖民时代的一种美国"文化侵略"[2]。随着好莱坞电影产业不断在全球扩张,好莱坞电影意识形态也大行其道。在好莱坞电影引人入胜的故事情节、令人眩目的宏大场景、惊心动魄的特技效果背后,隐藏着美国的思维方式、政治理念、"民主精神"和"普世价值"[3]。

大学生在学习过程中,更加清楚地认识到电影不但是文艺作品,也是一种传播载体,而且是任何一个国家和政府都可以去积极利用的传播符号,我们要有意识地防范西方意识形态的渗透,做强自己的电影产业,争夺话语权,增强文化自觉、文化自信、文化输出能力。

参考文献

[1] 强丽. 电影文化中的意识形态问题研究——以美国好莱坞电影意识形态输出为视角 [J]. 重庆科技学院学报(社会科学版),2014(07):116–118,129.

[2] 马妮,朱韶峰. 征服世界的好莱坞电影 [J]. 大众文艺(理论),2009(16):110.

[3] 李恒基,杨远婴. 外国电影理论文选 [M]. 北京:生活·读书·新知三联书店,2006.

案例二　G20 杭州峰会

——国际会议背景下的政府公关

一、结合课程内容

公共关系主体/政府公共关系、城市公关

公共关系传播/大众媒介、传播要素、传播模式

二、高阶思维引导

G20 杭州峰会，让中国站在了全球经济治理的核心舞台。对于中国来说，如何参与全球治理、在全球治理中的角色与定位如何，这些关键问题关系到中国参与全球治理的政策选择。作为全球第二大经济体，中国应该有积极的全球观和全球治理战略，承担自己应该承担的国际责任与义务；在地区与全球层面，以与中国相关问题的全球治理为重点，同时也选择中国能够且应该发挥作用的全球问题领域，以推动全球治理机制的创新与变革，促成全球问题的有效解决[1]。

首先，我们深刻感受到中国国际地位的提高，自 G20 峰会启动以

来，这是中国首次成为 G20 峰会的主办国，这也意味着中国对世界的影响力在不断加大。其次，中国参与国际事务的能力在不断提升，在西方国家对世界经济疲态束手无策的今天，中国作为全球第二大经济体、最大的发展中国家，以开放的姿态向世界分享了中国理念，开出了中国"药方"。再次，举办 G20 峰会是中国参与全球经济治理的战略选择，从中国角度上讲，通过举办 G20 峰会中国积累了大量多边外交的经验，中国深度参与全球经济治理，积极参与全球多边外交，特别是像此类最高层次的多边外交，这对中国来讲是国际公关非常宝贵的经验。

三、思政育人价值

正确理解世界和中国发展大势。通过该案例，学生们能够了解 G20 缘起过程，进而认识当今世界政治经济格局的演变与特征，以及中国确立了由规则接受者向规则主要制定者角色转变的开始。正确理解世界和中国发展大势、中国的外交政策以及国际公关的策略。学生们能够深刻领悟到公共关系活动在中国特色社会主义新时代中发挥的重要作用。

增强四个自信。更为关键的是，我们要使青年学生意识到，在本次峰会上，习近平主席为全球经济治理提供的"中国方案"，充分体现了中国共产党人和中国人民的道路自信、理论自信、制度自信和文化自信，彰显的是中国特色社会主义的无限魅力。中国经济信心来自中华民族复兴伟业的强大自信力，来自党领导中国人民的伟大实践与当代理论自觉[2]。

四、案例内容描述

<h2 style="text-align:center">杭州 G20：令世界与龙共舞①</h2>

关注世界政经局势的读者想必都知道 "G20 成员国共占全球经济总量的85％，贸易额80％，人口数量总和接近世界人口总数的三分之二"。此外，在本届 G20 观察员国家方面，"非洲埃塞俄比亚和马拉维两国领导人列席，其他还有塞内加尔、乍得、越南、泰国、新加坡等国家领导人也受邀参会"。同样不容忽略的背景是，世界经济并未真正从金融危机中走出，中国也正在 "增速放缓，追求质量" 的新常态中探索转型——作为东道主，中国如何通过本次峰会，提升与成员国、观察国乃至相关利害关系国的互信度、协同力，振奋中外工商业的投资热情或经营信心，成为喧嚣背后的严峻公关考题。

1. 城市公关：为什么是杭州

从 "城市公关" 推动 "国家公关" 的层面看，国际会议的主办城市无疑是浓缩国家软硬实力、预兆地域商业机遇的主题橱窗；是构架国家、企业、国民与外界全方位交流的首席门户。

近年来，去政治化、去中心化成为 APEC、亚信、上合峰会等知名国际会议的选址共识，这给非一线城市带来了新的机遇和挑战。以国内城市为例，除了多次荣肩重任的北京、上海、广州、深圳，作为博鳌亚洲论坛主办地的博鳌、作为乌镇世界互联网大会永久主办地的乌镇、2016夏季达沃斯主办地的天津、上海合作组织成员国政府首脑（总理）

---

① 宋观 . 杭州 G20：令世界与龙共舞 [J] . 国际公关，2016（05）：26 - 29．（表述略有改动）

理事会第十四次会议主办地的郑州、第四次中国—中东欧国家领导人会晤主办地的苏州等，近年来纷纷崭露头角，走进国际媒体和世界公众的视野。

在这一趋势下，"在一个城市举办一场国际会议，就好比一架飞机在城市上空撒钱"成为多个地方政府、在地媒体偏爱引用的比喻。这比喻中的"钱"却是相对概念——有些是立竿见影的投资、旅游等经济效益；有些则是"低投高产"、长线收益的城市营销；但也有为数不少的案例，是进一步暴露出主办城市的功能缺陷，比如，一度饱受争议的世界杯主办城市里约热内卢。

杭州无疑是在这一机遇与挑战之中，凭借其背后的经济文化基础、专业服务标准，交出了一张令人信服的"担保书"——"经济总量位居全国省会城市第四、副省级城市第五、全国大中城市第十。杭州连续多年被世界银行评为'中国城市总体投资环境最佳城市'第一名，被《福布斯》杂志评为'中国大陆最佳商业城市排行榜'第一名，连续十一年蝉联'中国最具幸福感城市'桂冠，曾获联合国人居奖、中国电子商务之都、中国十大创新城市、中国十大活力城市、中国十大低碳城市、中国民生成就典范城市最高荣誉奖、最佳中国形象城市。全球最大的 B2B 网络——阿里巴巴和收购沃尔沃汽车的中国吉利汽车总部都在杭州。"（据 G20 官方网站的介绍）

智谷趋势主笔严九元在《杭州被 G20 选中的最大"秘密"：不按套路出了三张牌》中的描述则更为形象："说它是一座明星旅游城市，可它又是国内仅有几个第三产业超过 60% 的都市；说它是隐逸文化的发源，可它引领的移动支付和普惠金融，正在勇猛精进地带着人们奔向未来；说它是座 1.5 线城市，可它身上又有着太多让北上广深等正牌一线城市汗颜的'之最'；说它水土宜人适合养老，可越来越多来自硅谷、华尔街的技术、金融精英纷纷回国入杭。"

在峰会期间惊艳场内外的《最忆是杭州》，不仅展现了富于跨界精神的中国风魅力，更成为杭州在"后G20时代"不可或缺的文化符号，甚至成为进一步提升城市形象、拉动旅游文化经济的重要IP。此外，基于G20峰会所"实兵演练"的元首级嘉宾接待能力、国内外媒体响应能力，也无疑为这座2016年上半年两位数经济增长率（据统计局数据）的城市实现了"晋级加冕"。

与此同时，据凤凰艺术报道："9月5日，国家主席习近平夫人彭丽媛邀请阿根廷总统夫人阿瓦达、印度尼西亚总统夫人伊莉娅娜、老挝国家主席夫人坎蒙、墨西哥总统夫人里韦拉、土耳其总统夫人埃米奈、加拿大总理夫人索菲、新加坡总理夫人何晶、泰国总理夫人娜拉蓬、欧洲理事会主席夫人玛乌格热塔、联合国秘书长夫人柳淳泽、世界贸易组织总干事夫人玛利亚、国际劳工组织总干事夫人卡琳娜等出席二十国集团领导人杭州峰会外方代表团团长夫人，参观中国美术学院。"

正如这篇报道所评述的"虽然乍一看去，似乎夫人团们都在逛与吃的路上越走越远，与G20首脑们所谈的世界大事也并无关联。但是，艺术作为人类发展历史上极其重要的传播与记录方式，无论是从社会、文化、精神以及文明传承的角度来说，都是至关重要的。如果人类社会没有了艺术与文化，仅仅凭借政治与商业是无法长久的，这样的社会也是畸形的。哪怕是在资本与政治主导全球社会的今天，艺术也在不断产生着自己应有的、重要的人类作用——城市公关的文化软实力恰在于此。

另据新华社电文，原联合国秘书长潘基文曾在纽约联合国总部接受采访时，高度称赞了中国在筹备二十国集团（G20）杭州峰会方面表现出的卓越领导力，认为中国作为轮值主席国所做的积极努力，"使二十国集团峰会的包容性提高到一个新的水平"。

2. 议程公关：主题、决议、成果环环相扣

对于国际会议背景下的"国家公关"而言，谈什么、怎么谈是一门学问。首先，"构建创新、活力、联动、包容的世界经济"的峰会主题，为本届 G20 峰会定下了进取、务实的主基调（即"谈什么"）。然而，推动基调的落实，则有着更不容小觑的阻力。

在二十国集团（G20）领导人杭州峰会召开前夕，新加坡国立大学东亚研究所所长郑永年在接受人民网记者采访时表示，"1980 年以来，各国都曾大力提倡全球化。但西方国家没有及时解决全球化引发的问题，内部体制跟不上外部环境变化，内部改革不到位，导致问题演变为内部民粹主义、外部贸易保护主义的基础。现在西方，谁提自由贸易谁就会受到攻击。"

因此，从国际利益的层面，为整个大会营造良好氛围，成为会前的首要公关考题——在 G20 与会国（全球约 80% 的碳排放来自 G20 成员国）陆续抵达杭州之际，路透社 2016 年 9 月 3 日援引新华社报道称："中国全国人大 3 日批准了关于气候变化的《巴黎协定》。此举将有助于推动该协定在今年年底前生效。"

随后，美国和中国表示，两国已正式批准限制温室气体排放的《巴黎协定》，并迅速成为同期全球媒体报道 G20 的焦点话题。为此，世界资源研究所主席兼首席执行官安德鲁·斯蒂尔发表声明称："曾几何时，人们无法想象中美两国会开展气候变化合作，而今气候变化合作已成为两国关系中最大的亮点。两国领导人步调一致加入巴黎协定，再次坚定了树立领导榜样的责任。两国在本届 G20 峰会之前宣布上述消息，表明未来智慧型气候行动将与经济稳定和增长同步推进。中美两国的行动将产生长久的气候影响，为子孙后代创造更加美好的世界。中美两国提高了

国内气候行动和国际气候合作的标准。两国领导人进一步推动《巴黎协定》从纸面承诺转换为实际行动，这一合作必将载入史册。"

由此，在立意高明的公关策略下，"谈什么"的氛围正式形成，如何在国际会议中宣传并成就"中国提案"，成为"怎么谈"的关键。这不得不提到中国近年来一直推动的"一带一路"倡议。在二十国集团工商峰会上，习近平主席向世界承诺："中国的发展得益于国际社会，也愿为国际社会提供更多公共产品。我提出'一带一路'倡议，旨在同沿线各国分享中国发展机遇，实现共同繁荣。"同时，对于'人民币将正式纳入 IMF 的特别提款权货币篮子'一事，G20 特别公报指出，"我们欢迎国际货币基金组织 2010 年份额和治理改革的落实，并致力于在 2017 年年会前完成第 15 次份额总检查，包括形成新的份额公式。我们重申，份额调整应提高有活力经济体的份额占比，以反映其在世界经济中的相对地位，因此可能的结果是新兴市场和发展中国家的份额占比整体提高。"

对此，俄罗斯战略研究所外国经济处主任谢尔盖·塔拉卡耶夫表示："中国强调要专注于讨论经济议题，同时强调在有争议的问题上要采取折中的态度。中国力促 G20 成员把目光转向寻求现有问题的解决方法，而不是一味纠结问题产生的原因。同时成功说服 G20 成员不去争论业已采取的货币刺激政策的效果，而是关注如何充分利用结构性改革、税收政策、预算政策等促进经济增长。"

对于企业声量层面，马云一直大力推崇的 eWTP（全球互联网贸易平台）被写入本届 G20 峰会公报第三十条当中。马云希望为全世界中小企业打造一个属于自己，自由公平开放的贸易平台，让中小企业、年轻人更方便地进入全球市场，参与全球经济。今年上半年，马云走访全球 30 多个国家和地区，推介其 eWTP 理念，已获得多国的回应和共识。

这一成果，不仅显示出中国企业在全球治理和全球贸易规则制定中的角色日趋提升，更因为马云所在的阿里巴巴落户于杭州，使得这一议题的推动与城市公关形成联动，进一步提升了国家公关的综合效应。

据悉，在此次 G20 峰会上，与会国不仅超常规地形成了《二十国集团创新增长蓝图》《二十国集团全球贸易增长战略》《二十国集团全球投资指导原则》《二十国集团支持非洲和最不发达国家工业化倡议》《全球基础设施互联互通联盟倡议》等数十项文件或协议，并在公报明确宣称："我们决心将各自以及共同使用所有政策工具，包括货币、财政和结构性改革政策，以实现我们强劲、可持续、平衡和包容性增长的目标。"

3. 传播公关：做得好还得说得好

在公关界，一直有着"三分现场，七分传播"的讲究。对于国际会议的传播公关，更是不能只有通稿式样的内容披露。从"传播公关"推动"国家公关"的角度来看，离不开一个具有国际视野、公信力根基、深度报道能力的非官方媒体。而在为数不多的知名华人媒体中，近来连续第十次蝉联亚洲品牌五百强的凤凰卫视集团，无疑在本届杭州 G20 峰会展示出四个方面不容替代的价值。

第一个方面，是议题设置的能力。继中共建党 95 周年报道"九十五岁问初心"，和国家领导人"七一"讲话主题高度契合之后，这次 G20 报道，凤凰卫视集团推出的主题是"钱塘江边看潮头"，再度贴题国家领导人的首场讲话（习近平主席曾在致辞中表示："让我们以杭州为新起点，引领世界经济的航船，从钱塘江畔再次扬帆启航，驶向更加广阔的大海！"同时，他还在 G20 峰会讲到："这几天，正值钱塘江大潮，'弄潮儿向涛头立，手把红旗旗不湿'。我同各位一样，期待着二十国集团勇做世界经济的弄潮儿。"）。

　　第二个方面，是视觉呈现的能力。在 G20 现场，凤凰卫视、凤凰资讯、凤凰视频等兄弟部门强强联手，不仅以"融媒体"的团队构架跻身上会媒体，更是超越腾讯、新浪、网易这些有直播业务的平台，成为央视之外的独家非官方直播平台——除了直播探秘新闻中心、直播奥巴马等政要接机、直播政要游览京杭大运河、直播潘基文记者会、直播奥巴马记者会、直播奥朗德记者会、直播埃尔多安记者会，更通过视频专题"G20 杭州峰会"实现图文频三类独家视觉信息聚合，更有如 VR 看峰会（全景展现新闻中心；全景展现习近平主席记者会）等特色视角，让本届 G20 峰会得以全景化呈现在世界面前。

　　第三个方面，是内容的新媒体呈现。例如，凤凰网旗下新媒体项目——大鱼漫画出品的《漫画：G20 是干吗的》，在微信朋友圈形成了刷屏效应。相关微信号"大鱼漫画"实现了"80 万＋"的阅读量，据说两天涨粉"5 万＋"。在"凤凰新闻客户端""凤凰网"两个微信号上，阅读量均达到百万级。授权了业内大号"男人装"转发，实现了上百万级的阅读量，从而让 G20 这个"高大上"的会议为公众所理解。

　　第四个方面，是商业资源的整合与提振。据悉，凤凰在品牌合作方面成功收获了交通银行、上汽大通、三元、沃尔沃、微软 0365、福特等几大品牌广告主的青睐。尤其是与交通银行合作的"全景 VR 看峰会"，不仅实现了时政新闻价值和商业品牌价值的有效兼容，给同业媒体的市场化探索方面带来新的启迪，更通过与国内外知名企业的合作，而体现出企业界对本次峰会的重视和认可。

　　由此可见，国际会议背景下的国家公关，是一个体系多元、互为呼应的"整体战"。其不仅仅包括国家和在地企业本身的权益表达，对于主办城市选址及其功能设计、会前国际氛围的营造，乃至整体会议进程与成果的传播展现，都是一个个需要用智慧与胸襟来解决的课题。

"国际会议背景下的国家公关"这一课题的出现，对于讲求博闻强识、变革进取的中国公关人而言，体现出"国家公关"乃至"公关"这一学科在中国传播学界的价值提升，这给公关人在思想、实践等方面创造出了更为广阔的舞台——无论是各级政府部门、国内外企业、传播媒体乃至乙方公关公司及其从业者，都将成为这一变化的受益对象。

五、教学深度反思

该案例所能呈现的知识和教育元素是多元的。既能够从城市公关的角度，也能够从国家形象和媒介传播的视角切入教学。学习过程中，同学们对于 G20 的来龙去脉有了清晰的历史认识，能够体会到我们的国家如何一步步从一个"门外汉"，到一个"参与者"，进而成为一个"主导者"和规则的制定者，这既是国家综合实力不断增强的表现，也是政府公关的一项重要课题。

大学生们一方面应能够理解政府公共关系的手段，国家和城市为何要去争取和承办一些世界性的活动和会议，而并非有些网民们所说的"劳民伤财"，从中汲取理性思考的知识营养和爱国主义情怀。另一方面，学生们也能够体会到我们的国家、我们的城市是如何策划一场精彩、有效的公关活动。例如，我们可以让学生去看一看杭州 G20 峰会文艺晚会，此次文艺晚会借助中国传统文化元素很好地表达了新时期中国国家形象，并得到国内外主流媒体大幅度的报道，传播渠道广；引起公众广泛而热烈的讨论，传播范围大；文艺晚会正面评价为主，传播效果好。这对其他公关外交活动文艺晚会的举办有借鉴意义[3]。

参考文献

[1] 李东燕. 全球治理：行为体、机制与议题 [M]. 北京：当代中国出版社，2015.

[2] 吴海勇. G20 杭州峰会——中国提振世界经济信心 [J]. 南京理工大学学报（社会科学版），2017，30（01）：13 – 19.

[3] 陈小桃，唐宇. 从大型文艺晚会看中国国家形象传播——以 2016 年 G20 杭州峰会文艺晚会为例 [J]. 公关世界，2019（21）：48 – 53.

案例三　南海领土争端

——看中国如何发声

一、结合课程内容

公共关系主体/政府公共关系、国际公关

公共关系传播/传播模式，国际舆论，传播效果

二、高阶思维引导

中国对南沙群岛及其附近海域拥有无可争辩的主权。对此我们有充分的历史和法理依据，国际社会也长期予以承认。本质上讲，2016 年的南海争端是美国"亚太再平衡战略"实施的重要棋子。与其说是"无中生有"的领土争端，不如说是一场"啼笑皆非"舆论闹剧。但是，即使我们如何将"南海仲裁"看成是一场闹剧，但是它依然给我国正在进行中的"大国公关"战略上了一课。尽管我们付出了很多努力，但是一场舆论危机就可能让其分崩离析。

在今天的国际社会上，大规模战争的风险离我们很远，但是争端争

议地区或海区的存在，却需要中国在一个积极的国际舆论环境中捍卫国家主权和领土完整[1]。我们必须清醒地认识到，在利益面前，国家的周边摩擦是无法避免的。同样地，在大家都投鼠忌器不能使用武力的前提下，军事上的博弈更多地会被国家软实力的博弈替代，通过软实力比拼，得道者多助。

三、思政育人价值

首先，树立正确的领土概念。我们从小就有一个"960万平方公里"的概念，以致于很多人形成了错误的领土意识。主权国家的领土包括领空、领水、领陆三个方面，按照国际法和《联合国海洋法公约》的有关规定，我国主张的管辖海域面积可达300万平方公里。

其次，认识到南海的重要性。本篇案例很好地让大学生们系统地理解南海问题为什么重要？有哪些利益相关方？我们该如何宣扬主权？这是一个在尊重历史、尊重事实、尊重法理基础上的爱国主义教育。

再次，理解国家的政策主张。我国的南海问题政策长期归纳为"主权在我，搁置争议，共同开发"。其基本含义是：①主权属我；②对领土争议，在不具备彻底解决的条件下，可以先不谈主权归属，而把争议搁置起来，搁置争议，并不是要放弃主权，而是将争议先放一放；③对有些有争议的领土，进行共同开发；④共同开发的目的是通过合作增进相互了解，为最终解决主权的归属创造条件[2]。

四、案例内容描述

从南海问题看中国大国公关①

南海问题是亚太地区 2016 年最令人关注的政治热点。在中国崛起的背景下，笔者就我国围绕南海问题所采取的公关措施做一些分析，虽然难免管中窥豹、挂一漏万，唯愿能够给从业者带来一些启示。

南海问题为什么重要？

据悉，南海拥有丰富的石油资源，其航道是全球最繁忙的航线之一，若发生军事冲突，包括中国在内的众多国家都会遭受损失。看南海问题，须置身于东盟外交这个背景，去做全局性观察。东盟在中国外交中具有重要的战略地位。习主席曾称中国与东盟为"命运共同体"。东盟十国虽已形成形式上的共同体，但有鉴于东盟协商一致的文化、互不干涉内政的原则，因此普遍认为其共同决策效率比较低下，各国容易受到中美日等域外大国的影响。

现代国际关系重视和平解决争端。习主席也提到希望利用"和平手段"来解决问题。南海问题若传播处理不当，会有损我国的形象和软实力，更会影响我国对于南海的主权和区域发展计划，后果深远。

有哪些利益相关方？

根据其在仲裁案上的利益与立场，可以将世界各国粗略分为以下几类。

中国与菲律宾：两个直接当事国，也是南海主权的声索国。

---

① 姜峰. 从南海问题看中国大国公关 [J]. 国际公关, 2016 (05)：54 – 55.

在南海有密切利益的东盟国家：包括亲中的老挝、柬埔寨，以及其他三个声索国文莱、越南、马来西亚。这三国更关切事态进展，并可能会步菲律宾的后尘。东盟各国的态度比其自身的媒体声量重要。

美国、日本：这个国家是亲菲律宾的强大影响者。美国有"亚太再平衡"战略，关心航运与贸易自由，媒体的声量影响毋庸置疑。

其他利益较远的国家：除一些大国外，他们未必关心南海问题，能提供的主要是声量支持。

公关传播的哪些方面值得借鉴？

根据美国政治传播学家拉斯韦尔的经典 5W 模式，在做传播之前，公关人必须明白一些基本问题：我的立场与诉求是什么？传播对象的关心和顾虑是什么？我希望对他讲完以后，达到什么样的结果？我该怎么说，才能起到这个效果？哪些渠道有利于信息的接受，减少噪音干扰？

从这个理论框架出发，来分析我国的做法，可以发现以下值得称道的方面。

1. 未雨绸缪，防患于未然

"风起于青萍之末，浪成于微澜之间"。海牙国际仲裁庭（简称"仲裁庭"）会做出对中国不利的裁决，应该是在我国预计之中的，因此我方早早采取了积极预防措施：早在 2014 年，外交部就发布了官方立场文件；此后，驻英大使刘晓明在英国《泰晤士报》发表署名文章；外交部记者会上多次表明立场；倡议与东盟国家外长发表联合声明；习主席在亚信外长会议上表态；范长龙视察南沙岛礁；南海军演；解放军文工团南海慰问之行等。发声层级高、渠道多、平台广，各种声音同频共振。这既起到了舆论试探和造势的效果，也争取了十几个国家表态支持中国。

2. 议题设置有策略

公关人既是"嘴"，更是"脑"，通过分析和议题设置，主动引导舆论方向。观察南海事件，可以看到降低仲裁结果的重要性是我们的策略之一。具体操作是通过三个"不"来实现，即强调菲律宾单方面提起仲裁"不讲法"，强调仲裁庭对此事没有管辖权"不能管"，强调裁决结果"不算数"。通过这三个"不"，在逻辑上质疑和削弱了仲裁庭及结果的正当性及权威性，因此降低了这个负面结果在认知上的显著性和影响力，并顺理成章地带出中国采取的"不接受、不参与、不承认、不执行"的原则，让议题朝着有利于中国的方向发展。

3. 关键信息明晰、严谨

议题以实现自始至终让讨论聚焦在中国所希望的范围之内的目的。此外，我国还不断强调协商和谈判的意愿，来淡化外界可能认为大国恃强凌弱的刻板印象。

强调中国和东南亚各国完全有能力内部解决彼此在南海问题上的争端和不同意见，而无需外界力量干涉（比如仲裁庭、美国和日本）。

强调南海问题是中国和菲律宾一国之间的问题，避免外界忽视了中国同东盟之间取得的外交硕果，以及双方建立对话关系 25 周年庆，我国毕竟还要着眼长远的区域战略计划。

强调南海问题并不是一个中国与东盟之间的问题，而是一个中国同四个直接当事国彼此之间的双边问题，每一个当事国都有自身的特性。这将问题严格限制在中国与各当事国之间，避免了问题错综复杂扩大化涉及更多国家。

4. 分而化之，各个击破

着眼于各国的不同立场，我国采取了有针对性的措施和"穿梭外交"，争取或拉拢、或分化、或孤立。例如，在王毅外长访问后，中国宣布与老挝、柬埔寨、文莱三国达成共识，马来西亚表示不会将南海问题带上国际法庭。这都是非常有利于中国的。到 2016 年 7 月初，我国已经争取到了包括上合组织在内 60 多个国家支持的骄人成绩。

5. 反应迅速，多管齐下

在仲裁结果出来后，第一时间就有我国政府发声、媒体报道、学术解读。由于南海问题复杂，因此需要通过多层次内容来把问题讲清楚。略举数例，在国际方面，由多个大使在海外主流媒体发文，包括傅莹女士在美国《外交政策》网站以《中国为什么对南海仲裁说不》的文章，用国际语言来讲故事；还有南海宣传片在纽约时代广场的播放，以及国务院新闻办发表的白皮书。在国内方面，有《人民日报》制作的被广泛转载的图文微博"这才是中国，一点都不能少"，以及介绍南海的视频微博等，打出了一套紧凑的组合拳。

6. 大局观与舆论节奏的把握

此次，国内舆论表现出充分的爱国主义，观点具有高度的内部一致性，非常成功。同 2012 年的中日钓鱼岛争端相比，考虑到南海问题的复杂性与我国长远策略，以及人民币国际化、亚洲一体化、G20 等因素，中国采取了有放有收、比较克制的策略，避免了偏激化的舆论或者发狠等对抗性行为的出现。

还有哪些因素需要考虑？

在国际政治的角力场中，国外舆论通常是难以同国内舆论保持一致的。此次，外界反馈中有几个方面值得我国注意。

一是类似于"国际法"这样的复杂问题谁来讲、如何讲、在哪讲。这里面，需要专家在以美国和欧盟为主的全球精英圈里，去影响政商领袖和意见领袖。此次，有国际评论指出，中国还没有出版过一本扎实的有关南海问题的书籍，以及海外受众并不否认中国的历史材料，但这些材料的国际认知度低，且毕竟不同于现代国际法所认可的法律证据。要弥补这样的分歧，我国可以给予相关研究机构更多支持，推动他们同国际社会的多元交流和讨论。比如，2016年6月，武汉大学联合荷兰莱顿大学在海牙就南海仲裁案举行了学术国际研讨会；同年8月，南海研究院也在北京举办了类似活动。这样的工作可以做得多一些，早一些。事实上，通过梳理和分析其观点和影响力，我们也可以找出合适的外国第三方学者、媒体和民间代表人物，通过他们有理有据的分析，替我们说话，取得更有说服力的效果。由于国际是争端的主战场，因此，我们需要多用英语在美欧主流媒体上去讲。

新加坡国立大学王江雨副教授曾指出，可以考虑对外国政府和民间采取不一样的做法，通过互利措施来改善双边关系。他举例说，菲律宾起诉的原因之一就是菲国渔民不能在他们的传统渔区黄岩岛捕鱼了，没了生计，所以国内政治压力很大。如果在对菲律宾官方主张主权的同时，中国可以对菲国渔民提供捕鱼方便，那么可以在情感上淡化对立色彩。此外，多项评论均指出，我国需要研究吃透国际规则，按国际惯例行事。这样既体现出身为一个大国对规则的尊重，也可以更好地为自己争取利益。具体到传播层面上，我们必须注意海外的语境、风格同我国大相径庭。从传统上说，以中国为代表的东亚是道德驱动的社会，而以美欧为代表的发达国家是法理驱动的社会。二者并无优劣，但现实是国际游戏规则基本上是美欧制定的。因此，在同他们打交道时，要动情，更要讲理，尽量摈弃官话空话，淡化文本的内宣特色，让我们的核心信息和内容融入对方的语言体系中。此外，我们必须要研究了解海外受众的既有认知态度、思维逻辑、认知阻碍与关心重点，对症下药，否则容易陷入"鸡同鸭讲、沟而不通"的局面。

在中国崛起的过程中，我国需要承担的责任与面临的质疑一定是一个硬币的两面。中国南海研究协同创新中心刘海洋研究员认为，面对外界的批评，中国需要更多地发出自己的声音。我们相信，中国有能力直面敏感问题，发出自己的声音，展示一个值得信赖、有能力、负责任、开放透明的大国形象。

五、教学深度反思

大学生是热血青年，在爱国主义的表现上往往情绪高涨，容易产生非理性思维。课堂上，讲到南海问题时，很多学生也表露出"菲律宾哪是我们的对手""外交喊话没用""为什么不打呢""盘他就完了"等等简单的判断或表达。从大国公关策略的角度，南海问题虽然多次升级至军事冲突边缘，但目前仍然主要处于外交范畴，舆论则是主要博弈工具之一。近年来，一些西方媒体和东盟国家媒体以南海问题为中心，大量设置针对中国的各种议题，以图通过舆论影响维护和拓展本国利益[3]。

所以，讲清楚案例当中的三个问题非常重要，对于学生系统认识南海问题非常有帮助。我们需要爱国，我们更需要理性爱国，需要有维护主权和领土完整的决心和意志，也要有保家卫国的智慧与才能。青年学生应该积极了解不同国家、不同社会之间舆论冲突的根源和动力，利用好自媒体，正确发声，为我国有效化解南海问题的国际舆论风险提供良好的国内舆论环境。

参考文献

[1] 周庆安. 从南海问题看"争端中的公共外交"[J]. 对外传

播，2011（09）：24－25，1.

[2] 张晓兰．从南海问题看中外关系 [J]．群文天地，2012（02）：227.

[3] 毛家武．中国南海领土问题的国际舆论风险管理研究综论 [J]．理论观察，2016（10）：42－44.

案例四 《世界新闻报》窃听门事件

——媒体必须履行社会责任

一、结合课程内容

公共关系概述/公共关系的基本原则

传播/大众媒介，工具理性思维

二、高阶思维引导

公共关系首要的基本原则是求真务实，而"工具理性"思维是西方大众传媒迅速发展的不归路。本案例可以从三个角度对学生进行思维引导：其一，任何一个组织在追逐利益、追逐曝光率、追逐传播效果的过程中都必须坚守底线，即"求真务实"，同样，这也是做人的底线。其二，新闻报道揭露世界的假丑恶，应当以弘扬人类的真善美为宗旨，应当以维护社会的公平正义为目的，因此，应当秉持一种激浊扬清、刮骨疗毒的社会责任意识，才能使揭丑报道具有正当性或合法性。其三，新闻自由是西方标榜的传播价值观，但是随着恶意和恶俗传播及传播手段的大量泛滥，危害到世界各国社会秩序，使得包括英国在内的西方传播学对其学理也不得不做出修正，注意到媒体必须履行社会责任。

三、思政育人价值

从《世界新闻报》窃听门看西方新闻观的虚伪本质。《世界新闻报》窃听丑闻成了一个典型的案例。透过它，我们看到西方传媒、西方社会所面临的滥用自由困境，伦理道德困境，社会文化庸俗化、低俗化困境，隐私权保护的法律困境以及整个社会的体制弊端、民主制度困境。

坚持具有中国特色的新闻自由制度。我们要以马克思主义新闻观为准则，旗帜鲜明地坚持有中国特色的社会主义新闻自由原则，充分保障广大民众和新闻工作者的新闻自由权利，同时又有力地揭露与反对滥用新闻自由的行为，使中国的新闻传媒成为反映社情民意的有力舆论工具，成为体现党的意志和人民心声紧密结合的社会纽带[1]。

无论在哪个国家，话语权是人民授予的，是一种公共权利的让渡。因此，对于人民群众，要牢记话语权行使的着力点，那就是：公信力、责任感和遵守法纪、维护伦理[2]。

四、案例内容描述

《世界新闻报》的窃听丑闻①

默多克旗下《世界新闻报》谢幕。英国《世界新闻报》历经 168

---

① 案例根据以下资料整理：[1] 英国窃听丑闻，窃听门 [EB/OL]. 百度百科，2019 - 03 - 15；[2] 许雨文. 失信的媒体必遭唾弃 [N]. 光明日报，2011 - 07 - 21；[3] 董天策.《世界新闻报》电话窃听丑闻的根由与恶果 [N]. 光明日报，2011 - 07 - 18. （表述略有改动）

年，于 2011 年 7 月 10 日寿终正寝，在最后一期报纸的头版发出绝唱："谢谢大家，再见。"

这一切，都始于王子的膝盖。

五年前，王储威廉膝盖受伤的故事被《世界新闻报》曝光。这件事只有内部少数几个亲信知道，小报从哪儿得来的消息？

为《世界新闻报》工作的私家侦探格伦·马凯尔因在 2005 年报道威廉王子膝盖受伤一事被捕，当时的报纸主编库尔森辞职。警方在其家中发现一张列有大批公众人物资料的名单。2009 年，《卫报》披露《世界新闻报》非法窃听 3000 名政客名人的电话，并经警方确认，"窃听丑闻"被曝光。

当时鲁伯特·默多克的新闻集团和英国政府都试图掩饰这一丑闻。然而一系列对该报的诉讼和对相关人员的逮捕曝光之后，《世界新闻报》的窃听丑闻已经无法掩盖了。据报道，从 2005 年开始，受到《世界新闻报》电话窃听人数保守估计为 2000 人，对象包括众多名人、政治家、军人、甚至伦敦地铁爆炸案遇难者家属的电话，而其中对《世界新闻报》提出法律诉讼的已超过 20 人。

在英国电话窃听是违法的，但电话窃听的报纸不止《世界新闻报》一家，这已经不算什么秘密。保罗·麦克马伦是《世界新闻报》的前编辑，他表示："电话窃听并非难事，很多人做过，而其他人也没理由不去做。"

后来，媒体的电话窃听就突然偏离了轨道。2005 年，英国王室高级助手发现，他们手机中很多未收听过的语音邮件被保存在了收件箱里。与此同时，《世界新闻报》刊登了一系列关于威廉王子和哈里王子的消息，这些事本应该只有一小部分人才会知晓。其中一篇新闻逐字引用了威廉王子留给哈里王子的语音邮件中的内容。由于英国王室的揭发，伦敦警察厅对此展开了调查。

2006 年，《世界新闻报》记者克莱夫·古德曼和受雇于该报从事非法监听的格伦·马凯尔被证实窃听王室工作人员的语音邮件。当时该报主编安迪·库尔森辞职，声称自己对报社中有人进行电话窃听并不知情，表示这种行为仅限于像古德曼这样的"流氓记者"。库尔森的说法得到了新闻集团其他高层主管的支持。

实际上，库尔森所说的"流氓记者"的行径在《世界新闻报》已是一种惯例。除了已经公布的受害人，《世界新闻报》的窃听目标据称还包括演员休·格兰特、史蒂夫·库根，模特艾丽·麦克弗森，足球明星特里和贝克汉姆，甚至还包括英国前首相高登·布朗。没人知道《世界新闻报》的窃听目标到底有多少，保守估计是 2000 人，但真正的人数可能加倍。新闻集团一些著名高管也牵涉到丑闻中，比如英国报纸主管利百加·布鲁克斯。英国政治界各个层面的人士也可能牵扯其中，他们数十年来一直竭尽所能讨好默多克。

肖恩·霍尔曾在《世界新闻报》工作过十多年，最让他感觉厌恶的是，该报的高层非常鼓励员工们窃听电话、挖掘隐私，当古德曼因窃听语音邮件被判有罪时，他曾经的同事们很快就背弃了他。

霍尔曾与安迪·库尔森密切合作过很长一段时间，他表示《世界新闻报》内部有巨大的竞争压力，而电话窃听的好处在于，它能够提供经证实的消息。一旦某个记者通过电话窃听得到关于社会名流的消息，他就能带着这个消息联系该名人的公关，与之进行交易，换取同等价值的新闻。

《世界新闻报》曾不止一次因非法监听而受到批评，例如，该报记者曾装扮成来自迪拜富裕家族的"假酋长"以获取政界和商界人士的信息。2001 年，装扮成"假酋长"的记者对爱德华王子的妻子、威塞克斯公爵夫人贬低某位王室成员的评论进行了录音，为了防止自己发表的评论被公开，威塞克斯公爵夫人同意在《世界新闻报》的采访中谈论关于怀孕的话题和接受试管婴儿的可能性。

霍尔于 2005 年离开《世界新闻报》，对于该报前主编库尔森，他评价道："库尔森是一个可怕的主编，也是一个骗子，作为经营报纸的人，他不可能不知道自己报纸的新闻来自哪里。只要不被发现，《世界新闻报》都鼓励员工进行电话窃听，库尔森对此早就知情。"

《世界新闻报》前编辑保罗·麦克马伦透露："电话窃听非常普遍，据我所知，1/4 的英国人都这么做，库尔森肯定知道。只要去买一个扫描仪，在监听目标的房子外面，等电话接通后就能窃听到电话内容。我记得有人这样抄录了查尔斯王储和卡米拉的谈话，戴安娜王妃与情人的电话也被窃听过，英国的电话窃听已有很长的历史。"当英国的移动电话运营商开始采用数字技术后，扫描手机通话变得更加昂贵起来，因此记者们就开始窃听手机语音邮件了。

演员休·格兰特为 4 月 11 日发行的英国《新政客》杂志写了一篇关于电话窃听的文章，在这篇文章中麦克马伦是被采访对象。在去年圣诞节前夕，休·格兰特的汽车在郊区道路上抛锚，一会之后过来了一辆白色面包车，但这辆车不是来帮助他，而是来拍摄他汽车抛锚的照片的。驾驶白色面包车的人就是麦克马伦，拍摄完毕之后他让休·格兰特搭了便车，在途中麦克马伦表示，休·格兰特是电话窃听的受害者之一。

当休·格兰特接到《新政客》约稿后，他找到了麦克马伦并秘密录下了他们的谈话。麦克马伦告诉休·格兰特，安迪·库尔森"对电话窃听一清二楚，并经常要求员工进行窃听"。因为并不知道谈话被录音，麦克马伦几乎知无不言，他表示利百加·布鲁克斯也知道电话窃听非常普遍，布鲁克斯经常和英国首相卡梅伦一起骑马，卡梅伦肯定也知道这件事。麦克马伦还透露："20%的都市警察从电话监听者那里收取回扣，因此他们怎么会愿意打开这个'潘多拉的魔盒'呢？"

很长一段时间以来，《卫报》是英国本土唯一一家对窃听丑闻进行了严肃报道的报纸。由于在英国国内并未引起广泛关注，《卫报》主编艾伦·拉斯布里杰给美国《纽约时报》总编比尔·凯勒发了一封电邮，鼓励凯勒和《纽约时报》关注、调查电话窃听丑闻。

2010年9月，在《卫报》揭露电话窃听丑闻一年多之后，《纽约时报》对此发表了长篇报道，其中提及了肖恩·霍尔透露库尔森鼓励电话窃听。一位匿名的伦敦警察厅警探在报道中宣称，由于伦敦警察厅内部一些人员与《世界新闻报》关系密切，警察厅有意地压制了对电话窃听的调查。《卫报》紧接着发布报道，报道中引用了保罗·麦克马伦的话，称库尔森对电话窃听内幕十分了解。

2010年秋天，库尔森成为英国首相卡梅伦新的首席新闻主管，有关于他的新闻则比以前更具有话题性。迫于压力，伦敦警察厅重新展开了寻找"新证据"的调查，"谨慎地"对霍尔和麦克马伦进行了询问，这意味着霍尔和麦克马伦所说的一切都可能被用作起诉他们的依据。这种将案件的潜在证人当作嫌疑人一样询问的做法很不寻常，更像一种杀鸡儆猴的策略。

2010年12月，伦敦警察厅宣布，在对霍尔和麦克马伦的询问中并未发现新的罪证，但有关电话窃听的民事诉讼案件进展显示，事实并非如此。演员西耶娜·米勒的律师宣布，在《世界新闻报》首席记者伊恩·埃德蒙森的指示下，调查者格伦·马凯尔窃听了米勒及其前男友裘德·洛的语音邮件。其他的民事诉讼则牵涉了《世界新闻报》的更多记者，这显示电话窃听显然并非该报某个记者的个人行为。

2010 年圣诞节前夕，新闻集团暂停了埃德蒙森的职务。2011 年 1 月 21 日，库尔森辞去卡梅伦首席新闻主管一职，但依然坚称在担任《世界新闻报》主编期间，对电话窃听毫不知情。1 月 26 日，伦敦警察厅对窃听事件展开了新的调查，该调查被称为"威廷行动"……

"窃听丑闻"的后续故事和深层含义肯定会不断显露，而目前人们已然看到的一个事实是，新闻媒体失信致死的教训是多么沉重。在此次窃听事件中，《世界新闻报》所涉及的窃听范围之广、频率之高，令人瞠目结舌。正是这样猖狂的违规之举，将新闻媒体的基本操守丢到了九霄云外，也将公众给予的信任消耗殆尽。表面上，窃听是为了挖掘到更隐秘的事实，然而这种看似取悦受众的行为，冲破了社会公认的道德底线，侵犯了西方人最为重视的隐私权。根本缘由还是在于：媒体资本对媒体利润的贪婪追逐。这是因为，通过富有刺激性的内容提供来使读者市场最大化，从而使媒体利润最大化，已是众所周知的西方小报经营之道。

一家媒体，不论规模大小，也不论公营私营，自诞生之时起就应担起对公众的责任。在这份责任里，新闻媒体及其从业人员必须坚持新闻报道的基本原则，必须坚守职业伦理的基本底线，必须保有对受众的真诚之心。这是新闻行业对公众的天然承诺，是新闻媒体赖以生存和发展的基本条件，是新闻从业者赢得尊重和信任的基本前提。这些是每一个新闻媒体的骨架，任何一部分的缺失都会导致整体的崩塌。

五、教学深度反思

这个案例的纳入，得益于在 2011 年的一次讲课的课间，有一位同学和我提到怎么看待《世界新闻报》的倒闭事件，而我们当时这门课大概讲到了传播这一章有关大众传媒的内容，可以说，这个问题问得恰逢其时，我后来就和学生们一起搜集整理了这个材料。

每当谈及新闻自由的时候，我们的一些青年学生就动辄不加批评地对西方新闻自由顶礼膜拜，认为西方的新闻自由是完全、充分的自由，是不受任何约束和限制的自由。这种理解不仅是片面的而且是错误的，是对西方新闻自由的一种误解、误读，也会在一定程度上影响到我国社会主义新闻自由理念的确立和新闻自由制度的建设与完善。实际上，无论是西方的新闻自由还是中国的新闻自由，都不可能是绝对性的，只能是相对性的。从《世界新闻报》窃听门事件中不难看出，西方"新闻自由"框架下的新闻采访权被媒体及其记者肆意滥用，新闻媒体与政治权利之间存在着相互利益（即商业利润和政治利益）的博弈，利用和被利用与各自的利益诉求有着难以割舍的关系，人权和公信力成为媒体与政府追求利益过程中最大的牺牲品，完全依靠新闻业的自律而缺乏他律的机制，显然也是不利于媒体发展的[3]。

通过此事，既可以使青年学生深入认识、了解西方传媒业，也可以促使他们从中吸取经验教训，避免在学习和工作中产生错误的思维导向。在此，通过社会责任论的三个观点加以解释：第一，新闻自由权利不是绝对的权利，道德与法律是行使新闻自由权利的制衡器。以往自由主义新闻理论认为"自由权利是无代价的、无条件的，是造物主在人一出生就赐予的"，这种理论如果说在反封建专制时代还有点意义的话，则在现代社会早已过时。媒体的权利，是以必须承担社会责任为前提，如果不自觉履行，政府和公众都可进行干预。第二，资本不能主宰人本。资本的逐利性使得媒体成为满足私利和追逐欲望的工具，对此必须加以限制。话语权的赋予不能以资本的意志为驱使，而必须以公信力为皈依。第三，新闻自由权利是由新闻媒体、公众和政府共享的权利，强调新闻自由不能仅仅强调新闻媒介及其从业人员的权利，还要强调公众和政府的权利。如果媒介不能自行负责，政府和公众也可进行干预，这也反映了以人为本的原则和要求。

参考文献

［1］童兵.《世界新闻报》窃听事件和西方新闻自由再审视［J］.南京社会科学，2012（03）：110－118.

［2］江作苏.谈《世界新闻报》停刊及其对新闻界的启示［EB/OL］.中国新闻网，2011－07－20.

［3］沈正赋.西方新闻自由的理想王国与现实图景——从英国《世界新闻报》"窃听门"事件谈起［J］.当代传播，2011（05）：8－10，13.

案例五　推动媒体融合向纵深发展

——做大做强主流舆论

一、结合课程内容

公共关系传播/大众媒介

公共关系主体/政府公共关系

二、高阶思维引导

媒介融合是当今世界大众传媒发展的重要趋势。美国皮尤研究中心（Pew Research Center）发布的一项研究报告指出，当今社会正在经历三项传播科技所带来的深刻变革：互联网宽带技术、通信移动技术、社交媒体[1]。这三项传播科技的深刻变革为媒体融合提供了充分的硬件基础。

早在 2015 年，中央全面深化改革领导小组第四次会议审议通过了《关于推动传统媒体和新兴媒体融合发展的指导意见》。推动传统出版和新兴出版融合发展，把传统出版的影响力向网络空间延伸，是出版业巩固壮大宣传思想文化阵地的迫切需要。而 2019 年中共中央政治局就全媒体时代和媒体融合发展举行的集体学习，进一步说明我们要运用信息革命成果，推动媒体融合向纵深发展，做大做强主流舆论，巩固全党全国人民团结奋斗的共同思想基础，为实现"两个一百年"奋斗目标、实现中华民族伟大复兴的中国梦提供强大精神力量和舆论支持。

三、思政育人价值

理解党和国家推动媒体融合向纵深发展的重要意义。以"全媒体时代和媒体融合发展"为主题作为 2019 年开年第一次中央政治局集体学习，充分说明党和国家对这一问题的高度重视。传统媒体与新媒体时代的交错，主流媒体必须通过融合发展，使其具有更强大传播力、引导力、影响力、公信力，提高宣传质量和水平，对凝聚人心、巩固全党全国人民团结奋斗的共同思想基础意义重大。

帮助大学生正确认识舆论意识形态论争是一场看不见硝烟的思想战。近些年来，随着互联网技术的迅速发展，新兴媒体彰显出越来越强大的舆论影响力，已然成为新的舆论话语权争夺的主战场。作为新时代的大学生，要自觉地科学地参与网络论争，不跟风，不起哄，在事关大是大非和政治原则问题上保持清醒，划清是非界限。

四、案例内容描述

推动媒体融合向纵深发展，做大做强主流舆论①

中共中央政治局 2019 年 1 月 25 日上午就全媒体时代和媒体融合发

---

① 新华社. 习近平主持中共中央政治局第十二次集体学习并发表重要讲话［EB/OL］.
中国政府网，2019 - 01 - 25.（表述略有改动）

展举行第十二次集体学习。中共中央总书记习近平在主持学习时强调，推动媒体融合发展，建设全媒体成为我们面临的一项紧迫课题。要运用信息革命成果，推动媒体融合向纵深发展，做大做强主流舆论，巩固全党全国人民团结奋斗的共同思想基础，为实现"两个一百年"奋斗目标、实现中华民族伟大复兴的中国梦提供强大精神力量和舆论支持。这次中央政治局集体学习把"课堂"设在了媒体融合发展的第一线，采取调研、讲解、讨论相结合的形式进行。

25 日上午，在习近平带领下，中共中央政治局同志来到人民日报社新媒体大厦。他们首先在人民日报数字传播公司现场察看和了解电子阅报栏建设和推广应用情况。得知这样的数字化终端集成了浏览新闻、开展思想政治学习、提供图书期刊借阅等功能，已成为重要融合传播平台，习近平表示肯定，强调电子阅报栏是媒体传播的一种重要创新。要不断总结经验，在理念思路、体制机制、方式方法上继续探索，在向基层拓展、向楼宇延伸、向群众靠近上继续下功夫，为人民群众提供更多更好的文化和信息服务，让人民日报离人民更近，做到人民日报为人民。

采编发流程再造和融媒体中心建设是媒体融合发展的重要一环。习近平等来到人民日报"中央厨房"，结合视频短片了解打通"报、网、端、微、屏"各种资源，实现全媒体传播情况。习近平同"麻辣财经""一本政经""侠客岛""学习大国"等工作室采编人员亲切交谈。习近平指出，党报、党刊、党台、党网等主流媒体必须紧跟时代，大胆运用新技术、新机制、新模式，加快融合发展步伐，实现宣传效果的最大化和最优化。

在移动报道指挥平台前，习近平同正在河北省承德市滦平县平坊满族乡于营村采访的记者和扶贫驻村第一书记连线交流，了解该村脱贫攻坚工作进展情况。习近平强调，脱贫攻坚是一项历史性工程，是中国共产党对人民做出的庄严承诺。我们党最讲认真，言必行、行必果，说到做到。他希望广大新闻工作者发扬优良作风，扑下身子、沉下心来，扎根基层，把基层特别是脱贫攻坚一线作为学习历练的平台和难得机会，增加见识、增进感情、增长才干，实实在在为当地百姓解决实际问题，为贫困乡村带来新变化。习近平还通过视频向全国所有扶贫驻村第一书记和广大基层干部、向亿万乡亲们表示亲切问候和良好祝福。

随后，习近平等在人民日报新媒体中心听取了人民日报微博、微信公众号、客户端建设情况汇报，观看了新媒体产品展示。习近平强调，党报党刊要加强传播手段建设和创新，发展和利用网站、微博、微信、电子阅报栏、手机报、网络电视等各类新媒体，积极开发各种互动式、服务式、体验式新闻信息服务，实现新闻传播的全方位覆盖、全天候延伸、多领域拓展，推动党的声音直接进入各类用户终端，努力占领新的舆论场。

参观结束后，习近平等来到人民网全媒体播控中心，人民网总裁叶蓁蓁就媒体融合发展做了讲解，大家进行了讨论。

习近平发表了重要讲话。他强调，全媒体不断发展，出现了全程媒体、全息媒体、全员媒体、全效媒体，信息无处不在、无所不及、无人不用，导致舆论生态、媒体格局、传播方式发生深刻变化，新闻舆论工作面临新的挑战。我们要因势而谋、应势而动、顺势而为，加快推动媒体融合发展，使主流媒体具有强大传播力、引导力、影响力、公信力，形成网上网下同心圆，使全体人民在理想信念、价值理念、道德观念上紧紧团结在一起，让正能量更强劲、主旋律更高昂。

习近平指出，推动媒体融合发展，要坚持一体化发展方向，通过流程优化、平台再造，实现各种媒介资源、生产要素有效整合，实现信息内容、技术应用、平台终端、管理手段共融互通，催化融合质变，放大一体效能，打造一批具有强大影响力、竞争力的新型主流媒体。要坚持移动优先策略，让主流媒体借助移动传播，牢牢占据舆论引导、思想引领、文化传承、服务人民的传播制高点。要探索将人工智能运用在新闻采集、生产、分发、接收、反馈中，全面提高舆论引导能力。要统筹处理好传统媒体和新兴媒体、中央媒体和地方媒体、主流媒体和商业平台、大众化媒体和专业性媒体的关系，形成资源集约、结构合理、差异发展、协同高效的全媒体传播体系。要依法加强新兴媒体管理，使我们的网络空间更加清朗。

习近平强调，要抓紧做好顶层设计，打造新型传播平台，建成新型主流媒体，扩大主流价值影响力版图，让党的声音传得更开、传得更广、传得更深入。要旗帜鲜明坚持正确的政治方向、舆论导向、价值取向，通过理念、内容、形式、方法、手段等创新，使正面宣传质量和水平有一个明显提高。主流媒体要及时提供更多真实客观、观点鲜明的信息内容，掌握舆论场主动权和主导权。要从维护国家政治安全、文化安全、意识形态安全的高度，加强网络内容建设，使全媒体传播在法治轨道上运行。要全面提升技术治网能力和水平，规范数据资源利用，防范大数据等新技术带来的风险。

习近平指出，各级党委和政府要从政策、资金、人才等方面加大对媒体融合发展的支持力度。各级宣传管理部门要改革创新管理机制，配套落实政策措施，推动媒体融合朝着正确方向发展。各级领导干部要增强同媒体打交道的能力，不断提高治国理政能力和水平。

习近平强调，《人民日报》是党中央的机关报。一张报纸，上连党心，下接民心。要把《人民日报》办得更好，扩大地域覆盖面、扩大人群覆盖面、扩大内容覆盖面，充分发挥在舆论上的导向作用、旗帜作用、引领作用。

五、教学深度反思

该案例是我们在讲大众媒介，结合媒介融合趋势时向学生介绍的一个内容。学生对于媒介融合趋势的技术背景是比较容易理解的，然而，大部分学生没有敏锐地捕捉到党和国家为何要从政治高度来推进媒体融合这项工作。其实早在党的十九大报告中已经提出"坚持正确舆论导向，高度重视传播手段建设和创新"的要求。而本次中央政治局集体学习习近平总书记的重要讲话，站在推进治理体系和治理能力现代化的高度，深刻分析了新形势下全媒体传播的重大理论和现实问题，系统阐述了媒体融合的方向、目标和任务，是深入推进媒体融合发展的根本依据和重要指导方向。

当然，我们也可换一个角度使用这个案例，即建设学习型政府对于政府公共关系的重要性。建设学习型政府是推进治理能力与治理体系现代化的必然选择，中央政治局作为党的领导集体，长期保持了良好的集体学习习惯。党的十八大以来，以习近平同志为核心的党中央继承和发扬了我们党重视学习、善于学习的优良传统，带头学习、率先学习，为不断提高全党的治国理政能力和水平做出了表率。从另一个角度看，学习型政府本身也是政府自身形象传播的重要载体。

参考文献

[1] Pew Research Center. Three Technology Revolutions ［R/OL］. Pew Research Center official website，2015－05－24.

案例六　杜嘉班纳（D&G）辱华事件

——跨国企业要学会文化尊重

一、结合课程内容

危机公关/危机产生的原因、危机处理原则

公关策划/跨文化管理、企业的社会责任

二、高阶思维引导

杜嘉班纳事件是一个由于企业在宣传工作中出现辱华现象而导致的企业形象危机，无论是有意还是无知，都是中国公众所不能接受的，大学生对此事的反映也比较强烈。共青团中央更是直接点名杜嘉班纳："欢迎所有外国企业来华，但你们应当尊重中国，尊重中国人民"。中国共青团网则发文力挺演艺圈明星："在爱国这件事上，我们绝不让步。中国，养育了我们，关键时刻，我们要保护他。"

长期以来，我们谦虚地向西方国家学习，但一些抱着"西方中心主义"的人，对其他国家的发展进步视而不见，或者不予承认。杜嘉班纳在国际上取得了很大成功，又是走精英路线，但如果认为进入中国市场、在中国市场取得成功只是理所应当，对中国人的情感可以不予尊重，那么其全球化路线迟早会走入死胡同[1]。

三、思政育人价值

对于歧视，必须态度鲜明地表达立场。该事件中杜嘉班纳的一系列言论显得极其粗鄙无礼，中国的明星及广大的民间消费者形成共识，可以说是情动于中，理有固然。率先站出来质疑杜嘉班纳言论的其实是一名非华裔亚裔模特，而国外更有媒体直斥杜嘉班纳"种族主义"。其中的是非很清楚，作为中国人，应该表达态度。

文化尊重破解西方中心主义。如果宣传片《起筷吃饭》可以理解为两种文化之间的不恰当的冲突的话，那么随后杜嘉班纳联合创始人兼创意总监斯蒂芬诺·嘉班纳（Stefano Gabbana）的言论则是赤裸裸的、彻头彻尾的西方中心主义表现。文化互动的前提是文化尊重与文化理解，而这也正是西方中心主义在文化推行过程中所忽视的。西方中心主义的起源与民族偏见有关，但民族偏见并不能直接推导出西方中心主义的产生。也就是说，某种程度上，民族偏见作为文化互动的异见不自觉地推动着西方中心主义的产生[2]。

理性对待"抵制消费式"爱国行为。"抵制消费式"爱国行为是以爱国主义为出发点的自发性、群体性爱国行为[3]，也是公民个人意见表达的综合表现。在经济全球化进入深层次发展的新时代背景下，青年大学生在表达爱国情绪时，也要克制抵制消费行为中的狭隘民族主义倾向，理性对待外来商品和外来文化。

四、案例内容描述

杜嘉班纳辱华事件持续发酵，看 D&G 的公关到底是什么水平①

D&G 大秀被迫取消

意大利的奢侈品牌 Dolce&Gabbana（D&G）原定于 2018 年 11 月 21 日在上海举办品牌大型时装秀，由于其辱华言论引发巨大争议，被迫取消。

追其原因，是 D&G 拍摄了一部名为《起筷吃饭》的宣传片，将中国传统文化与意大利经典饮食结合，但片中旁白的古怪"中式发音"与其傲慢的语气和中国模特用奇怪的姿势吃披萨、意大利甜卷等片段被网友质疑存在歧视中国传统文化的嫌疑。虽然事件过后，官方微博已经把相关视频"毁尸灭迹"（删除），但是该视频依旧在其 Instagram 和 Facebook 的账号发布，其设计师更是发表措辞激烈的辱华言论。

设计师辱华言论

这位将 D&G 推入无限深渊的设计师，正是他们的联合创始人，56 岁的斯蒂芬诺·嘉班纳。他在网上对自己的这支涉嫌辱华广告进行辩解，在越解释越显得苍白无力下，这位知名的设计师选择"辱华"并破口大骂，言辞粗鄙不堪，难以入耳，戳痛国人底线。

11 月 21 日，Diet Prada 的粉丝 Michaela 向 Setfano Gabbana 表达不满，并得到了当事人的激烈回应，最触动人敏感神经的就是那句：中国这个国家就是一坨大便。如此言论，让每个中国公民都对这个曾经的国

---

① 腾讯新闻. 杜嘉班纳辱华事件持续发酵，看 D&G 的公关到底是什么水平［EB/OL］. 腾讯网，2018 – 11 – 23.（表述略有改动）

际一线品牌失望透顶。

官方称"被盗号"

据福布斯官网显示，Stefano 在富豪榜中排在第 1394 位，拥有净资产 15 亿美元。据统计，在以往 D&G 的销售贡献中，中国市场占其收入 30%，这也是 D&G 在事件发酵后，第一时间选择辩解的原因，但是其公关水平有目共睹，没有直面问题，而是甩锅黑客，以"盗号"这样蹩脚的理由来说明问题，伪装成受害者的样子。

集体抵制，明星罢演

大批受邀明星表示了不满，杜嘉班纳不真诚、逃避责任的态度深深地刺痛了每一位中国公民的每一根神经。在我们的眼里，国家尊严不容践踏，以陈坤、章子怡为首的多位一线明星都做出了临时更改行程的决定，抵制当晚大型时装秀活动，维护国家尊严。

著名演员陈坤更是当天刚到上海得知事件发生直接当天坐飞机飞回北京，网友戏称其诠释了什么是"北京上海一日游"，也为其态度称赞。

章子怡是用一副极具特色的表情包来回应 D&G 辱华事件，被网友们纷纷点赞。除此之外，中国艺人及百位中国模特，纷纷在微博发声宣布退出原定上海举办的 D&G 时装秀。

官方霸气回应"D&G 自取其辱"

这也引发了微博官媒共青团中央的高度重视，以"自取其辱"四个大字，回应杜嘉班纳设计师辱华。

还有央视新闻也霸气回应，并播出《你真的懂中国的筷子吗?》的视频，回击影片中设计师对于中国传统文化的扭曲行为。

人去楼空，一片冷清

在遭到大规模抵制后，杜嘉班纳被迫取消大型时装秀活动，秀场后台人去楼空一片冷清，耗资 800 万搭建的舞台成摆设。据悉，D&G 尚未支付彩妆及模特费用，迪丽热巴、王俊凯等多位一线明星宣布跟 D&G 终止合作关系。

D&G 公关到底什么水平？

除了这件事，我们再来谈谈 D&G 团队的公关到底是个什么水平吧。

第一，官方称："被盗号"。

D&G 官方 Intragram 和斯蒂芬诺·嘉班纳的 Intragram 账号被盗，我们已经立即通过法律途径解决。我们为这些不实言论给中国和中国人民造成的影响和伤害道歉。我们对中国和中国文化始终一贯的热爱与尊重。

——D&G 官方微博回应

从这个信息我们就可以得出其企业混乱的价值观，"被盗号"这早已经是被玩烂的套路，这里足以看出其心不诚、言不信，是毫无责任感的借口。

危机公关从来都是一个管理流程，是由企业价值观主导。危机回应声明只是管理流程中一个重要却接近末梢的环节，也是现在普遍认为是公关部的职责。没有什么是偶然的，所以用偶然去回应，某位员工的一时疏忽，个别员工被盗了号等，这些手段未免太蹩脚，甚至有些低级。

第二，杜嘉班纳迫于压力秀场取消。

原定于 2018 年 11 月 21 日晚 8 时在上海世博中心举行的杜嘉班纳时装秀因故改期，对由此所造成的不便，我们深表歉意。

——D&G 官方微博回应

相信如果不是我们众志成城的集体抵制，使其迫于压力取消了时装秀，这个自以为站在顶层建筑的品牌还没有意识到自己究竟是因何犯了众怒。在创意中对全球不同文化的敏感性没有深度洞察和考量，完全忽视了国人对自己民族和文化的自豪感，用一种对中国文化很肤浅、很幼稚、很片面的理解拍摄了一支带有歧义的广告片，D&G 是否有真的反思过，是什么导致了今天这样的局面呢？

第三，道歉诚意为"0"的声明。

我们原本梦想着，把一场为中国专属而设、可以展现我们品牌历史和愿景的活动带到上海。这不仅仅是一场时装秀，它是我们怀着对中国以及全球所有喜爱 D&G 品牌人的爱与热情创造出来的产物。今天发生的一切不仅对我们来说非常不幸，对为把这场秀带到现实中来日夜工作的所有人来说，都很不幸。我们发自心底地感谢所有我们的朋友和客人。

——D&G 官方回应

据悉，最初在 lns 上曝光 D&G 辱华言论的亚裔博主再次发博文称，自己最初那条包含聊天记录截图的曝光博文已被 Ins 官方以"未遵守社区规定"为由强行删除，这是 Ins 强行帮助 D&G 洗白的节奏吗？

这样的危机公关真的能够获得公众谅解吗？

说白了，这个时代，让企业家认怂，是一件特别特别难的事情，即便他内心知道那是错误的。

如果企业不能在价值观层面深刻检讨，就要为自己的所有行为付出更为沉重的代价，在品牌名誉严重受损时，真正的考验是身为企业家的勇气、诚实和责任心。

据 2017 年麦肯锡报告，中国人购买的奢侈品总价值为 5000 亿人民币，占全球三分之一。坦率说，奢侈品品牌的消费者喜欢他们的产品，一部分也是因为其浓浓的国际范儿，包括有争议的表达。

但是这次 D&G 事件的教训是：

首先，"政治正确"是必须的。就像迪奥的设计师辱骂犹太人所承担后果一样，对中国人的谩骂是不可接受的，这是企业在任何市场从事经营活动的底线。其次，奢侈品公司必须重视民族情结和文化表达。我们经常批评中国企业到海外水土不服，而在管理上已经高度本土化的多数跨国公司，比如汽车、快销品等，也在政治态度和文化差异上充分尊重本土意见，现在大概只有国际奢侈品还是个例外，这次 D&G 事件对他们是个警钟。再次，危机公关的核心是态度和担当。遇到这样的事情，即使真的被盗号，企业也需要有领导人站出来坦诚沟通的勇气。希望我们少看到"被盗号"式的危机公关，价值观在任何时刻都是企业文化的基石，这并不是一句好听的话，而是企业、企业公关在危机中做事不混乱的根本依据。

五、教学深度反思

教学中，该事件可以作为一个综合案例多角度分析与运用。

从危机管理的角度来看，这是一种比较典型的自杀式公关，值得每个企业警惕。企业为了维持正面的形象一定要重视相关责任人的行为，作为社会性个人，如果企业领导人、管理者本身存在着不当的行为，很容易导致企业危机。杜嘉班纳出现了问题之后，第一时间不道歉，创始人反而在社交媒体上大放厥词，这是典型的自杀式公关。本案例也是一个典型的国际企业在中国的公关危机案例，说明企业必须有效处理危机的三个维度：道德、政治、产品三者的关系。

从公关策划的角度来看，杜嘉班纳本想通过一个吸引眼球的广告策划扩大品牌在中国的知名度，结果适得其反，看似设计上的失误，本质上是文明上的不尊重，导致商业上的不理智。作为国际顶级奢侈品品牌，时尚多少也代表了一定的品位与文明素养。杜嘉班纳一系列的行为使人感到其素养与其品牌形象极不协调。

从文化视野换位思考，西方人为什么总是把筷子、功夫之类意象当成中国文化符号？可能与我们的自我形塑有关。传播中国文化，不只是"送只熊猫、包个饺子、舞个狮子"。我们要学会讲好中国故事，对外文化传播、形象塑造，应当努力展示真实、立体、全面的中国，努力让世界了解中国文明、进步、现代性的一面。

参考文献

［1］上海柠檬公关 . 2018 公共危机案例热点杜嘉班纳辱华事件［EB/OL］. 柠檬公关网，2019－02－10.

［2］叶险明 . "西方中心主义"的本体论批判——关于"西方中心主义"的三个前提性问题［J］. 中国高校社会科学，2017（05）：40－50，157.

［3］鞠徽 . "抵制消费式"爱国行为之审视［J］. 知与行，2019（04）：94－98.

案例七 "一带一路"倡议负面的国际舆论

——用国际公关引导国际舆论

一、结合课程内容

公共关系概述/公共关系的基本原则

公共关系传播/传播要素、传播模式

二、高阶思维引导

"好心未必能做好事""做得好也要说得好"是公共关系规律中比较朴素的表达方式，也凸显了全球化背景下"双向沟通"的重要意义。中国倡议并推进的"一带一路"，旨在高举和平发展的旗帜，主动发展与沿线国家的经济合作伙伴关系，共同打造政治互信、经济融合、文化包容的利益共同体、命运共同体和责任共同体。"一带一路"建设正在吸引越来越多的国际目光，成为境外媒体报道的热点话题。

但是，由于历史、文化、政体、民众等多种复杂因素的影响，国际舆论对"一带一路"也存在不同的观点、判断和解读，国际舆论场未必能够在短时间内给予充分理解和支持。从公共关系的角度，负面的国际舆论是我们可以预见并应该积极应对的，需要进一步从战略、战术和技巧等层面提升中国在国际舆论场中的话语权,在国际传播的舆论场上传播正能量,让"一带一路"倡议的正当性、合理性和正义性深入人心[1]。

三、思政育人价值

掌握"一带一路"的战略意义。"一带一路"是促进共同发展、实现共同繁荣的合作共赢之路,是增进理解信任、加强全方位交流的和平友谊之路。中国政府倡议,秉持和平合作、开放包容、互学互鉴、互利共赢的理念,全方位推进务实合作,打造政治互信、经济融合、文化包容的利益共同体、命运共同体和责任共同体。"一带一路"将给中国和沿线国家带来发展机遇的同时,也面临各种挑战,需要我们有一定的风险意识。

树立主动引导国际舆论思维,扮演好民间传播角色。习近平指出:"要对外介绍好我国的内外方针政策,讲好中国故事,传播好中国声音,巩固和扩大我国同周边国家关系长远发展的社会和民意基础。"[2]作为新时代大学生,每一个人都是民意舆论场的一员,每一个人都是民间传播的一分子,有责任和义务讲好中国故事,传播好中国声音。

四、案例内容描述

国际公关或有利于引导国际舆论①

2013 年 9 月,国家主席习近平在出访哈萨克斯坦时提出"丝绸之

---

① 张辉."一带一路"倡议中的国际公关 [EB/OL].中国公关网,2018-09-20.
（表述略有改动）

路经济带";10月访问印尼期间提出"21世纪海上丝绸之路"的重大倡议,简称"一带一路"。目前,已有100多个国家和国际组织积极响应,50多个国家与中国建立制度性的安排,共建"一带一路",各国政府官员、企业、利益集团、智库、学者和媒体表现出较高的热情。但受现实利益冲突、历史文化差异、"一带一路"沿线国家传播主体的弱势,以及外部环境干扰等因素影响,在民间存在不少误解和担心。

"一带一路"倡议面临负面的国际舆论。概括起来,"一带一路"的负面国际舆论可以归纳为以下方面。

第一,将"一带一路"经济问题政治化。印度和平与冲突研究所维杰·沙胡加(Vijay Sakhuja)认为,海上丝绸之路可以帮助中国巩固其在印度洋的海上基地建设,以支持中国海军未来的行动。此外,海上丝绸之路本质上是一个中国打击"珍珠链"战略的概念,消除在印度洋的"中国威胁论",并使其参与沿线的各种海上基础设施项目合法化。尼赫鲁大学东亚研究中心前主席谢刚(Srikanth Kondapalli)认为,中国开始积极发展同马尔代夫、斯里兰卡等南亚地区的外交关系,向印度洋沿岸国家倡导21世纪海上丝绸之路,既可以反对美国的亚太再平衡战略,又可以进一步增强中国在印度洋地区的影响力战略。中国构建的"丝绸之路"覆盖了从印度洋到波罗的海的大区域,改变了世界地缘政治格局,由美国控制的海上运输线路将由中国接管,并打通了从哈萨克斯坦进口原油的通道。国际贸易投资研究所的文章称,中国通过"一路"来对抗TPP(跨太平洋战略经济伙伴关系协定,由新西兰、新加坡、智利和文莱四国发起),通过"一带"对抗TPP带给中国的影响。

第二,"一带一路"冲击现有的国际制度。俄罗斯学者拉林和马特维耶夫指出,西伯利亚大铁路已经在与途经哈萨克斯坦的欧亚运输线路的竞争中处于下风，未来随着后者的发展，对俄罗斯振兴西伯利亚和远东的计划产生消极影响。美国怀疑"一带一路"不仅冲击TPP，而且排斥其"重返亚太战略"，削弱其在阿富汗和中亚的"新丝绸之路"计划。中国正在破坏现有金融机构，以"丝绸之路"模式强加其在海上争端的地位和影响力。华盛顿国际战略研究中心克里斯·约翰逊（Chris Johnson）认为，中国看到了贸易和经济的巨大商机，迈出了大胆的一步。而且，通过金融经济手段缓和因民族主义意识形态与邻国的紧张关系，扩大中国的影响力。英国《独立报》一篇报道指出，通过丝绸之路经济带构想的实施，中国已取代俄罗斯成为中亚五国最大的贸易伙伴，俄罗斯在中亚的经济主导优势已被中国超越了。

第三，"一带一路"是为了转移中国的过剩产能。日本总研的《亚洲月刊》称，"一带一路"构想的实质是消化中国国内的过剩产能，拉动中国自身的经济成长，如果一味优先本国利益，势必招致各国反对。产业技术综合研究所大久保泰邦认为，中国为解决自身发展困境而提倡"一带一路"，凭借物力财力，以粗暴介入的形式开发柬埔寨、老挝、缅甸等东南亚各国的资源，已普遍招致不满。

在这种不利舆论的环境下，首先不能存在信息真空。中国是"一带一路"的倡导者，如果不说话，将会被谣言所淹没，缺乏沟通导致被沿线国家和域外国家所误会或误解。其次，要提高舆论引导的能力。中国与东盟国家是"一带一路"倡议的重要搭档，双边的经贸发展存在不平衡，如缺乏正确的舆论引导，会最终导致所在国政府高层有担忧，民间有疑问，且被反华势力所利用。以中缅为例，长期以来，中国政府为发展中缅关系倾注了大量的人力和物力，效果却不尽人意。这与在缅甸出现对华负面舆论报道有关，缅甸民众越来越疏远我们，甚至暗中憎恨。多年来，一些伪装的非政府组织或环保组织的西方势力与我国争夺影响力。"一带一路"深入沿线国家老百姓的生活中，像高铁的征地、房屋的拆迁、农田林地的占用等需要对当地老百姓做好宣传或解释工作。美国《国家》杂志网提出，中国"一带一路"的成功离不开超凡的公关能力，而中国政府在这方面的能力并不突出。民心相通是"五通"（民心相通、政策沟通、设施联通、贸易畅通、资金融通）的基础，而国际公关则是实现民心相通的重要路径。同时，通过"一带一路"赋予的国际公关的机遇和平台，改变单向生硬的"灌输式"宣传模式，提高政府和国际公众的对话和沟通能力。

国际公关或有利于引导国际舆论。

1. 目标

通过国际公关，引导负面国际舆论，建立与国际公众良好的关系，塑造"和平发展，互利共赢"的形象，构建"人类命运共同体"，为"一带一路"合作共建营造良好的外部舆论环境。

2. 运行机制

著名公关学者胡百精认为，公关目前并且长期在国际舆论引导上发挥作用，培植和影响国际舆论，争取国际舆论话语权。在"一带一路"建设工作领导小组的领导下，成立"一带一路"对外传播办公室，成员包括公共关系学、社会心理学、大众传播学等学科的专家学者在内，研究"一带一路"在国际舆论和形象上的整体设计，统筹协调、整体推进和督促落实，建立政府、企业、社会组织多方参与、上下联动的运行机制。在媒体上，通过世界媒体峰会、金砖国家媒体峰会、中印媒体高峰论坛等平台开展实质性的传播合作，建立中国和外部媒体常态化的交流机制。

3. 沟通策略

国际公关的本质是通过跨文化沟通，实现"制造同意"。在沟通策略上，通过新闻发言人、游说、国际事件策划、媒体等与国际公众进行沟通，形成国际共识。

通过新闻发言人传播中国在"一带一路"的理念，成为权威的信息源。外交部、发改委、商务部等部门利用"两会"的记者招待会就"一带一路"倡议构想及其落实与中外记者进行了沟通。"一带一路"建设工作领导小组办公室负责人也接受过媒体记者的采访。与此同时，在例行记者会上，外交部发言人和中国驻外使馆及时回应了海外媒体及民众所关心的问题。随着"一带一路"的深入推进，将会遇到更多的质疑和误解，需要进一步完善新闻发言人制度。首先，由"一带一路"对外传播办公室统筹外交部、商务部等对外做好解释工作，及时澄清事实，建设"一带一路"的软实力。其次，遵循"及时"的原则。美国在伊拉克战争前后第一时间召开新闻发布会，符合英国危机公关专家里杰斯特提出危机处理的3T原则（Tell You Own Tale; Tell It Fast; Tell It All）。在开展合作共建的过程中，难免出现利益、合作模式、文化、法律等方面的纠葛，再加上欧美国家实施的"噪音"战略瓦解"一带一路"成果，可以预见未来面临诸多风险和挑战。尽管中国的经济贡献有利于化解周边国家的负面国际舆论，但是"经济靠中国，安全靠美国"的思维模式没有很大的改变。最后，重点传播互利共赢和价值共享。不少沿线国家的基础设施比较落后，需要投入大量的资金，中国可以向他们提供资金开展基础设施建设，不仅实现事实层面上的利益互惠，而且实现价值层面的观念共享。

通过游说开展战略传播。根据赵启正先生的理解，战略传播尤其重视"关键受众"。根据二级传播理论，舆论领袖、精英群体是关键受众。一方面，习近平主席、李克强总理等国家高层领导人重视访问"一带一路"沿线国家，并在其智库或高校演讲中阐释"一带一路"的理念和原则。驻外大使积极与海外媒体、国际公众沟通。从 2014 年到 2016 年，时任中国驻印度大使乐玉成先后在尼赫鲁大学、知名智库辨喜国际基金会发表演讲，出席印度媒体和智库招待会，参加《今日印度》传媒集团 2015 年年会全球高峰论坛并发表演讲等，从多个角度阐释"一带一路"倡议。另一方面，国内的专家学者通过参加国际研讨会或论坛积极发声，阐明观点。如中国公共外交协会代表团在尼赫鲁大学出席"丝绸之路经济带和 21 世纪海上丝绸之路：机遇与挑战"；中国国际问题研究院举办"中国—阿拉伯国家合作共建'一带一路'"专题研讨会；中国中东学会举办"'一带一路'与中国中东外交"全国学术研讨会。

今后，中国一方面要借船出海，运用专业公关公司，并重视聘请当地的公关公司进行游说。他们不仅在语言、传播、人际沟通、分析判断上具有专业优势，而且通晓当地的政治运作、法律、风土人情以及拥有较广的人脉，熟悉当地的媒体和思维习惯，能够发挥沟通、传播与促进的作用。比如，安可公司帮助国企中国远洋运输集团在美国成功开展业务。另一方面要造船出海，建立由政府领导企业、行业协会、社会团体、个人以及海外华裔，尤其是退休政府官员、知名国际问题专家、宗教领袖、影星、体育明星等"舆论领袖"组成的游说团体。通过主办或承办国际会议、庆典（历史事件纪念日、传统节日）、会展（展览会、艺术节）、对外援助等不同形式国际事件的策划，加强人员往来，促进民心沟通。先后举办"首届丝绸之路国际艺术节""首届丝绸之路国际电影节""第十一届中国国际文化产业博览交易会"（首次设立丝绸之路馆）、"中印友好交流年"、胞波助学金项目、中国—东亚（柬埔寨）乡村减贫示范项目、中国—中亚合作论坛、"阿联酋青年大使中国行""中阿青年友好周学术对话"、中阿国际文化交流促进会牵头筹拍电影《中阿之恋》。今后需要继续拓宽渠道，利用鲜活素材讲好丝绸之路故事，传递丝路精神。

通过传统媒体和新媒体，以及海外媒体和华文媒体开展媒体外交。首先，继续利用好《人民日报海外版》《整点新闻》、央视国际频道、中国国际广播电台等主流媒体。2015年人民日报社牵头举办"一带一路"媒体合作论坛，2016年新华社联合外交部、中国贸促会、国家旅游局等部委策划"'一带一路'全球行"活动，向国际公众详细阐释"一带一路"理念和精神。其次，融合传统媒体和社交媒体。借鉴美国驻华使馆、英国旅游局、欧盟、韩国外交部等开通微博与中国网民互动的做法，开发和利用"一带一路"官方网站、脸谱、推特、因斯特（Instagram）、飞来客（Flickr）、腾讯微信、新浪微博等社交媒体扩大媒体辐射力。再次，利用好海外媒体和华文媒体。通过世界媒体峰会、达沃斯世界传播论坛、金砖国家媒体峰会、中印媒体高峰论坛等平台，与沿线国家的主流媒体开展业务合作，借力《印度教徒报》《巴基斯坦观察家报》《乌兹别克斯坦日报》《雅加达邮报》和德国新闻社等进行转载和转播，实现"他山之石，可以攻玉"的效果。同时，通过英国《星岛日报》（欧洲版）、美国《世界日报》、新加坡《联合早报》、南非《华侨新闻报》、日本《东方时报》、加拿大《环球华报》、美国中文电视台、加拿大华人电视台等华文媒体，在对外沟通中发挥桥梁作用。最后，广泛而深入报道诸如巴基斯坦喀喇昆仑公路二期、塔吉克斯坦"瓦赫达特——亚湾"桥隧项目一号隧道贯通、莫斯科至喀山高铁、中老铁路、中亚天然气管道D线、印度中国工业园落户印度古吉拉特邦艾哈迈达巴德市等标志性项目和早期收获成果。

4. 评估

评估是国际公关不可或缺的一个环节，有利于后续国际公关策划与执行的完善和改进。从政府发布行为（"一带一路"舆论的采集和预警、与国际公众互动、与媒体的沟通协调）、媒体层面（报道数量、报道质量、报道时机）和公众分析层面（沿线国家以及域外国家的国际公众对"一带一路"的认知、态度和行为的转变）来对"一带一路"国际公关成效进行评估。与此同时，建立覆盖广泛的网络舆情采集分析系统，了解舆论的发展走向，分析公众的偏好，及时调整国际公关策略。

五、教学深度反思

"一带一路"存在国际负面舆论并不意外，是我们在各个领域面对国际舆论，特别是西方主流媒体舆论的常态。大学生往往对此比较反感，也容易激发民族情绪。我们要引导大学生从多个角度理解并能够理性思考国际舆论环境的现状及其原因。

在公共关系的学习中，我们反复和学生强调"做得好更要说得好"的传播理念，该案例很好地说明了这个道理。同时，公共关系的基本原则之一是"双向沟通"，本案例也让学生理解了双向沟通的要义，特别是随着中国在全球化进程中作用的加强，我们不仅要实现事实层面上的利益互惠，而且要实现价值层面的观念共享。

从传播模式的角度，中国需要学习如何以他国民众听得懂并能够接受的语言，把"一带一路"的故事说给他们听，争取他们的支持。我们需要找到讲好中国故事的新模式。例如，上海的"第六声"平台是目前中国首家全数字英文媒体，其在文化建设、报道议题选择和中英文内容生产上进行了多面向、多层级的对外传播融合创新，包括国际化采编队伍与中国式管理的融合、故事呈现上的多媒体融合、中英文新闻生产的"中央厨房"模式，以及新闻选题上的中外融合。其融合传播的模式也成为讲好小而美的中国故事的优秀范例[3]。

参考文献

[1] 熊辩. 服务"一带一路"建设 强大传播正能量的舆论场 [J]. 新闻前哨, 2018 (05): 44-45.

[2] 习近平. 为我国发展争取良好周边环境 推动我国发展更多惠及周边国家 [N]. 人民日报, 2013-10-26.

[3] 沈国麟, 曹俊. 讲中国人的故事: 《第六声》的对外传播 [J]. 对外传播, 2017 (09): 36-38.

案例八　泉港碳九泄漏事件

——公众舆情危机中切不可鸵鸟思维

一、结合课程内容

危机公关/危机处理的基本原则
公关主体/政府公共关系

二、高阶思维引导

德国社会学家乌尔里希·贝克认为，工业社会在为人类创造巨大财富的同时，也为人类带来了巨大的风险，人类进入一个以风险为本质特征的风险社会[1]。

近年来，随着我国经济的高速发展，人民生活水平提高的同时，环境污染问题日益严重，环境污染事故频发，生态环境遭到了极其严重的破坏，极大地威胁着人们的生命健康。泉港碳九泄漏事件是一起典型的安全责任事故，有的企业为了经济利益，心存侥幸，不顾安全隐患违法操作，最终造成无法挽回的损失。

而这次安全责任事故所造成的公众舆情危机，值得我们深刻反思。泉港碳九泄漏事件发生后，相关部门通报发布不久，便受到当地居民以及社交网络和不少自媒体的打脸，狠批官方通报罔顾事实、不负责任、糊弄社会、息事宁人的态度。央视、人民网等权威媒体也相继对此进行了实地采访报道。与此同时，事件也引发当地居民的普遍恐慌，并对当地生态可能造成的深远影响感到担忧。社会各界关注度日渐升温，舆情反应全国蔓延。该案例对涉事企业和监管部门都是一次深刻的教训。

三、思政育人价值

增强学生的环境保护意识。近年来，我国出现了一系列突发环境事件，它指的是由污染物排放、自然灾害、生产安全事故等导致的突然环境质量下降，危及公众身体健康和财产安全的事件。环境保护意识是公众意识的重要组成部分，青年大学生应养成良好的生活习惯，提升保护环境行为的自觉程度。

培养公众至上的沟通意识。在公共关系活动中，对方想知道什么往往比想让对方知道什么更重要。传播手段上"双向对称"的基础是站在公众的角度，思考公众最迫切、最需要的信息，在尊重事实的基础上，设计传播内容与渠道，才能使舆论朝着有利于自己的方向发展。

四、案例内容描述

泉港碳九泄漏事件：真的是一次糟糕的危机公关①

2018 年 11 月 4 日凌晨 1 点 14 分，福建东港石油化工实业有限公司

---

① 依依东望望世界. 泉港碳九泄漏事件：真的是一次糟糕的危机公关［EB/OL］. 优观网，2018 – 11 – 08. （表述略有改动）

的船舶与码头连接软管处发生泄漏，造成6.97吨碳九泄漏。

事件发生以后，当地相关部门在当天至少发布了三份通报。第一份是《泉港区环保局关于泉港城区区域空气弥漫异味的情况通报》，主要内容是通报泄漏事件发生的原因，并表示正在对事件进行处置。第二份还是泉港区环保局发布的，《关于东港石化碳九泄漏事件处置情况通报》，讲了一大堆相关部门如何处置这次突发事件，并表示清理工作已经基本完成，大气VOCs已经降到安全值范围以内。第三份是网络上广为流传的，泉港区农林水局发布的一份《关于暂缓起捕、销售和食用辖区肖厝村海域水产品的紧急通知》。

这是事件发生24小时内，当地部门向外界发布的三份通报/通知。我们认为，在突发事件发生的时候，相关部门作为权威机构，发布的通报或者通知，应该起的作用是两个：第一，满足群众对事件的来龙去脉和处置进展情况知情的需要，第二，缓释群众的焦虑。然而，这三份通报根本达不到这个效果。

在这起事件中，群众要了解的无非有两点：第一，为什么会发生泄漏，是否存在操作不当或者其他人为因素？第二，碳九到底是什么东西，有没有危害？

然而，我们看三份通报/通知的内容，关于这起事件的经过，倒是有所涉及，尽管也是一笔带过，而对于碳九是什么，有什么危害，却只字不提。再加上官方关于清理工作基本完成，大气VOCs降到安全值范围的表态，和当地群众所见（海面上还有"油污"，空气中还有刺鼻气味）相矛盾，怎能不让人有想象和操弄舆论的空间？

其实，从后来一些科普网站的科普文章来看，碳九的危害并没有网络上传的那么可怕。以下内容转载自科普网站果壳网的微博：碳九分为裂解碳九和重整碳九，两者成分有很大区别，危害性也不可同日而语。

裂解碳九状态和气味与汽油非常相似（从当地群众关于气味的描述上看，这次事件泄漏的为裂解碳九的可能性非常大），泄漏后会造成水生物缺氧死亡，作为污染物对海产品有影响（这也就是为什么当地水产部门要发文禁售污染海域的水产品的原因），但对人体健康来说没有什么太大危害。而重整碳九则不同，它的毒性更高，对人体危害很大，而且会对环境造成长期的影响。但是，重整碳九的气味比较特殊，有明显的芳香味。

你看，把碳九是什么，有没有危害说清楚难吗？不难。可是事件过去几天了，当地部门没有人站出来解释，到底这次泄漏的碳九是裂解碳九还是重整碳九？另外，碳九的挥发性注定了事件过去几天空气中仍然会有刺激性气味，可是，关于这一点也没有人出来说清楚。你能怪老百姓多想吗？毕竟，百姓不是科学达人，不懂这方面的科学知识很正常，但相关主管部门应当具备相关专业知识，应该担负起向社会科普释疑的义务。尤其是泉港作为化工产业较为集中的地区，本来就因为一些历史原因（比如化工企业选址不当等问题）群众积怨甚深，当地部门在处理这次化工泄漏危机时，更应该慎之又慎，尽可能地做到信息透明公开，以最大程度地缓释当地群众多年来因化工企业所产生的焦虑和积怨。

可惜，上述种种，当地部门都没有做到。

其实，不仅仅是这次泉港的碳九泄漏事件，这些年来，一次又一次的突发事件，我们的主管部门都像一个鸵鸟一样，习惯性地把头埋在沙子里，不管网络如何吵翻天，就是自说自话！群众关心的问题得不到答案，群众想了解的真相无从了解，等到事情发展到无法收拾的地步，再来责怪群众没有明辨是非的能力，只会一味地被无良自媒体牵着鼻子走。可是，那只将群众推向无良自媒体的手，不正是来自鸵鸟一般的主管部门吗？

所以，与其责怪谣言满天飞，不如实打实地解释一下群众关心的问题，即使一时无法给出确切的答案，也要把目前了解的，和正在了解的情况告诉公众。

五、教学深度反思

该事件表面上是因为企业社会责任感的缺失造成的安全生产事故，并成为舆论关注的焦点。教学中，我们可以探讨事件本身危机公关的缺失，以及涉事企业的社会责任等。另一方面，该事件也是突发性公共事件。突发性公共事件往往具有突发性、破坏性、复杂性、持续性、可控性等特点。因此，突发性公共事件发生后，责任部门（监管部门）能否及时对公众做好、做足信息披露，并有效控制因相关事件引发的舆情显得尤为重要。在该事件早期的通报中，政府部门宣称"海面油污基本完成清理，大气挥发浓度指标也在安全状态内"，这与人们的亲身体会形成了极大的反差，网上纷纷表示还能闻到浓重的臭气味，海面上也漂浮着黄褐色的油污，社交媒体一片喧哗和愤慨。很多人的朋友圈里，转发流传一篇自媒体文章《我用生命吸着毒气，你戴着口罩说空气指标正常》。虽然政府的出发点是尽快稳定民心、避免混乱，但却掩盖了真相，结果往往会适得其反，无法使受众愤怒与质疑的情绪得到疏解，进而在原有的危机上又酿成新的信任危机[2]。所以，危机事件的"聚焦性"特点决定了危机事件发生后的舆情风险沟通往往比危机事件本身更重要，主管部门切不可有鸵鸟思维。

参考文献

［1］乌尔里希·贝克.风险社会［M］.何博闻,译.南京:译林出版社.2004.

［2］黄萍萍.突发环境事件中的风险沟通——以"泉港碳九泄漏事件"报道为例［J］.今传媒,2019,27(03):41－43.

案例九 达康书记圈粉"90后""95后"

——主旋律品牌传播的温度

一、结合课程内容

公共关系传播/大众媒介，传播效果

社会组织形象/品牌形象

二、高阶思维引导

《人民的名义》是一部典型的主旋律作品。十八大以来，中国的反腐行动既是国际关注的焦点，也是国内民心所向，波及面之广、影响力之强前所未有。习总书记多次强调坚定文化自信，殷切希望广大文艺工作者坚定中华文化立场，弘扬优秀传统文化，让中国的文艺作品在创新性发展中提升中华文化的影响力。

一部没有"小鲜肉"的电视剧，不但引来正剧传统受众"60后""70后"男性群体的观看，也掀起了大批年轻观众追剧的狂潮。该案例作品一方面宣传了新形势下党治国理政的总方略，以及"四个全面"的内涵；另一方面也从传播的角度，对品牌和内容的传播做出启示。

三、思政育人价值

深刻领会党中央惩治腐败的决心。党的十八大之后，一系列整治腐败的行动充分体现了以习近平同志为核心的党中央坚持党要管党、全面从严治党的坚强意志和鲜明态度；充分体现了我们党将反腐败斗争和党风廉政建设进行到底的坚定决心和无畏气概；充分彰显了我们党坚持在纪律面前人人平等的原则；充分说明了全面从严治党没有完成时，只有进行时，党风廉政建设和反腐败斗争永远在路上，必将得到全党全国人民的衷心拥护。

青年学生要做主旋律与正能量的接受者与传播者。当代高校学生的特点是朝气蓬勃、好学上进、视野宽广、开放自信。在当下这个百舸争流的年代，朝气蓬勃的青年人应该激流勇进，成为正能量的传播者。一个民族的文明素养，很大程度体现在青年一代的道德水准和精神风貌上。青年主动拥抱正能量，就能为个人的成长进步播撒阳光雨露；青年积极传播正能量，就能为社会的美好和谐注入强大暖流；青年始终充满积极向上的正能量，才能在激情奋斗中更好绽放青春光芒[1]。

四、案例内容描述

达康书记走红对品牌传播有哪些启示？①

2017 年度反腐大剧《人民的名义》，达康书记也成了社交媒体上

---

① 凯络洞察. 达康书记走红对品牌传播有哪些启示［EB/OL］. 搜狐网，2017 - 04 - 21.（表述略有改动）

90、95 后们的新宠。一部充满了主流气息的反腐剧，竟也广受年轻群体的喜爱和追捧，而剧中的市委书记李达康，在社交媒体上的关键词竟然是"萌"——这一切看上去都不太寻常，不过仔细分析一下的话，就会发现也并非没有道理可讲，而这里面的道理，对品牌和内容的传播颇有启示。

我们从传播的角度来聊聊，达康书记到底为什么萌，以及达康书记的走红究竟给我们带来了哪些启示。

达康书记为什么"萌"？

堂堂市委一把手，位高权重，行事强硬，这样的一个达康书记，到底哪里"萌"呢？

首先，"萌"常常伴随着"软"，达康书记身上是有"软"的一面的——他的"软"是一种时常闪现的"无力感"。比如就像观众们调侃的，他是剧中首当其冲的"背锅侠"，不是被同级坑，就是被下属拖后腿；比如他常常会在一鼓作气向前冲的当口，突然出现一些完全意料之外的情况，甚至发现自己被蒙蔽了。他时不时会感到自己对周遭的一切有些失去控制，甚至有些"懵"，而每每在这种时刻，达康书记的萌点就出现了。

进一步来讲，达康书记本质上是个单纯又认真的人。他努力工作，不为钱不为权，他心心念念的只是建设好城市，搞好 GDP。他是一个纯粹的理想主义者，他的政治理想，是伟大而无私的，而这一点，是这个人物能"萌"得起来的一个深层次的原因。

此外，达康书记的性格既矛盾又统一：他沉稳有魄力，却也情绪化和冒进；他刚正不阿有原则，但也会给同僚穿小鞋，拍领导马屁；他真诚地关心民众疾苦，但也会在下属面前耍威风…… 这一切都体现了人物的多面性和复杂性，而且恰恰契合了年轻观众所追捧的"反差萌"。

《人民的名义》是典型的主旋律作品，在初始的创作思路上，达康书记应该是被视作一个严肃而丰满的正面角色来塑造的。而90、95后们从自己的审美趣味和生活体验出发，对这个生动立体的角色进行了重新解读，并犀利地发现了这个角色的"萌"，从而迅速拉近了他们与角色的心理距离，达康书记就这样成了年轻人追捧的新网红。

达康书记的走红给品牌传播的启示。

90、95后们是一群创造力和观察力都很强的观众群体，他们天然就喜欢用富有创造性的观感进行作品内容的消费——往大了说，是"解构"，往小了说，是"打入个人烙印"。他们最乐此不疲的就是从感兴趣的内容中，寻找到别人一时感受不到的点，并将其放大、延伸，再加上个人的理解，进而对故事或人物进行再创作。而这种再创作，带有这个群体清晰的个性印记和年轻化标签，能大大激发人们的分享热情和讨论热情，因此往往会成为引爆他们社交媒体和朋友圈的热点话题。

而更能"方便"他们进行内容再创造，适合"创造性消费"的内容，应该是具备多面性的特点，其中的人物塑造也最好是相对立体丰满的，扁平式的人物形象可能会缺乏这种再创作的空间。

主流文化也能吸引年轻人。《人民的名义》成为现象级别的热播剧，足以说明主流的大众文化并不是中老年群体专属，年轻一代的消费者一样会被主流文化所吸引。从微博上的海量评论中我们可以看出，匪夷所思的故事走向，精心构建的情节，频频突破尺度、金句频出的对话，还有一众老演员、老戏骨的出色演技，都让《人民的名义》深深吸引到年轻人。

这部剧播放进程过半，达康书记的扮演者吴刚，已经位列各大视频网站的明星热搜榜，风头早就盖过了陆毅，甚至也盖过了一些年轻观众热捧的小花和小鲜肉。B站上以"达康书记"为关键词的UGC内容已经超过 15 页。

与此同时，演员吴刚早年参与创作的一些作品也被 90、95 后们翻了出来并四处传阅，大家纷纷惊呼"达康书记当年也是小鲜肉"。在这种延伸式的内容消费中，时间和代际的屏障被打破了，"达康书记"演员吴刚成了一座沟通的桥梁，将主流内容和年轻一代的消费者进一步连接了起来。

主流文化也能吸引到年轻人，不由得让我们联想到此前"凯络林大师"的另一篇公号文章《这位主流品牌太大，请不要随便跪舔亚文化》。在这篇文章中，林大师犀利地提出，主流品牌不一定要进入亚文化，很多时候跪舔亚文化甚至会适得其反。这一观点与我们在这里讨论的话题可谓是一体两面——既然主流一样可以吸引到年轻人，那么大品牌为什么不在自己更适合、也更熟悉的文化范畴内发挥自己的优势呢？

90、95 后钟爱碎片化的内容消费方式。《人民的名义》并不是一部无懈可击的剧作，尤其对于 90、95 后来说，它节奏拖沓，剧情推进缓慢，而且相比围绕老干部们的精彩情节，年轻角色的戏份差强人意。然而，就算网评陆毅演技"着急"，就算林华华、郑胜利、张宝宝的段落略显弱智，我们可以快进呀！跳过那些无关紧要的情节，不耽误看达康书记！

在视频内容消费移动化、碎片化的今天，年轻观众拥有极大的内容选择自由，也相应地磨炼出了超强的内容拣选能力。现如今的年轻人追剧可能真的不再会集集不落，甚至每一集都不会完整地看完 40 分钟，挑着看、跳着看将是他们消费内容的常态。在这种情况下，剧透不再是毁剧行为，巧妙的剧透反倒可以作为"观剧指南"增强观众黏性。

有些年轻观众甚至不再会直接消费剧集本身，而只会追看衍生的 UGC 内容，以及追踪社交媒体上的相关热帖，甚或只是收集一下相关的段子和表情包，在微信里 "斗斗图"。

因此，热播剧对年轻消费者的影响会是分为多层级的。一部剧的粉丝可能会有好几种：最内核的是死忠粉，是把剧从头撸到尾，对故事情节和人物有全方位认知的；其次可能是人物粉、CP 粉，只关注特定的人物和 CP；再次可能是只看了部分剧集的游离粉；最后还有没看过剧集，但消费了 UGC 内容或热衷参与社交媒体讨论的跟风粉和外围粉。

所有这些不同层级的粉丝，都是热播剧能够辐射到的人群，都在不同程度上受到了热播剧源头的影响——IP 的强辐射能力和分层级的辐射能量，可以说是碎片化的内容消费时代所特有的现象。而品牌在借助 IP 进行传播的时候，需要通盘考虑不同层级的粉丝受到的是哪个量级的内容辐射，适合采取何种策略建立沟通。

五、教学案例反思

学生们反映非常喜欢追这部剧。追剧是年轻人生活模式之一，与以往追偶像剧、青春剧不同，这次很多 95、00 后大学生追的是一部主旋律电视剧，里面没有小鲜肉、没有大 IP，说明主旋律与青年人之间并不是天然就有鸿沟，说明无论什么题材的文化作品，只要符合社会主流文化意识，创作时考虑年轻观众的需求，采取合理的发行渠道和宣传手法，一样可以创作出更多有温度、有现实意义的作品，达到良好的传播效果。

另一方面，官员的形象往往是政府形象最直接的展示。《人民的名义》在创作实践中塑造了平民化、人性化的反腐英雄形象，走到人民群众中来，和占电视观众绝大多数的平民百姓平等地交流、对话[2]。因此，政府形象的传播也需要考虑如何适应新形势，在进行人物塑造时，改变过去"二元对立式"的刻板方式，开启"人"的分析和塑造的多元化发展趋势，重视刻画主人翁作为"人"的属性，着力描绘人物的心理特征。

参考文献

[1] 人民日报. 始终充满积极向上的正能量——三论"在激情奋斗中绽放青春光芒" [EB/OL] . 人民网，2017 – 05 – 07.

[2] 梁云云. 论《人民的名义》中多元化的人物形象塑造 [J] . 青年文学家，2017 (6)：117 – 119.

案例十　阿里巴巴拿下国际奥委会顶级赞助商

——走向国际传播舞台的中国企业

一、结合课程内容

公共关系专项活动/公关赞助

二、高阶思维引导

自从 1985 年国际奥委会创立"TOP"制度以来，没有一家中国企业能够成为其 TOP 赞助商。此间，有美国资深体育记者爆料称亚马逊也参与了此次顶级赞助商竞标，但几轮报价和评审之后却被阿里巴巴击败，失去了在云计算和电商两个品类上的顶级赞助商合同。一方面说明中国最具代表的互联网企业凭借其出众的实力，实现弯道超车，跻身世界一流赞助平台。另一方面，任何赞助都不是慈善，也不是出风头，更重要的是基于权益的衡量。加入奥林匹克全球合作伙伴赞助计划，成为"云服务"及"电子商务平台服务"的官方合作伙伴，以及奥林匹克频道的创始合作伙伴。充分体现了阿里巴巴在全球范围内整合资源、人才、技术，用全球化增长提升其在全球竞争能力的战略思维。

三、思政育人价值

提升大学生民族自豪感。阿里巴巴的成长历程一直是青年人津津乐道的话题，这个创立仅20年的互联网企业，给中国人的生活模式带来了翻天覆地的变化，每一名公众都会觉得离这个企业很近。能够成为国际奥委会的TOP赞助商，代表了中国企业的崛起，更是民族的骄傲。

增强大学生创新创业意志。马云是许多青年大学生的创业偶像，阿里巴巴已经用20年的时间证明了创业者的独到的前瞻眼光和敏锐的市场嗅觉。阿里巴巴成立20周年之际，重申了阿里数字经济体未来三大战略，全球化、内需、大数据和云计算，业务战略、文化战略和组织战略三位一体，缺一不可。青年人更重要的是学习马云的持之以恒、追求卓越的创新创业意志。

四、案例内容描述

阿里巴巴拿下国际奥委会顶级赞助商①

2017年1月19日，国际奥林匹克委员会与阿里巴巴集团在瑞士达沃斯联合宣布，双方达成期限直至2028年的长期合作。阿里巴巴将加入奥林匹克全球合作伙伴（The Olympic Partner, TOP）赞助计划，成为"云服务"及"电子商务平台服务"的官方合作伙伴，以及奥林匹

---

① 中新网. 阿里巴巴拿下国际奥委会顶级赞助商 中国力量打造"云上奥运"［EB/OL］. 中国新闻网，2017－01－19.（表述略有改动）

克频道的创始合作伙伴。

如同爱迪生 1889 年把白炽灯带入巴黎世博会并点缀了埃菲尔铁塔，随后电灯点亮了世界的每一个角落。通过签约国际奥委会顶级赞助商，阿里巴巴将给世界带来第一届"云上的奥运"。阿里巴巴将为奥运会提供一流的云计算和大数据基础设施及服务。

TOP 赞助商是国际奥委会全球最高级别的合作，向整个奥林匹克运动提供资金、产品、服务、技术和人力资源支持。创立于 1985 年的 TOP 制度，对入选企业实行严格准入规则，每期名额仅十家左右，且每类产品和服务在全球范围内只能有一个合作伙伴。可以说，TOP 就是跨国企业集团的顶级精英俱乐部，更代表了其所在国家的全球经济影响力。

在阿里巴巴签约之前，奥运会共有 12 家 TOP 赞助商，均为各国的代表性国家企业，如美国的可口可乐、VISA 和通用电气，日本的丰田与松下，韩国的三星。这些公司均已在全球经营数十年甚至上百年，而阿里巴巴成立才 17 年，为奥运会 TOP 赞助商最年轻的面孔。

奥运 TOP 赞助商的组成基本可以反映不同国家、区域的全球经济影响力。美国占有六席，欧洲两家，日本三家，韩国一家，而在签约后，阿里巴巴将成为这一全球最具影响力赞助计划中的中国代表。

阿里巴巴还是全球第一家与国际奥委会达成直至 2028 年长期赞助合作的公司，也是首家承诺支持北京 2022 年冬季奥运会的中国企业。

阿里巴巴拥有的全球合作权益将覆盖 2022 年北京冬奥会，以及将于 2024 年、2026 年和 2028 年举办的夏季和冬季奥运会。

阿里巴巴集团董事局主席马云表示："阿里巴巴集团和国际奥委会的合作，基于双方共同的价值观，以及连接世界、丰富大众生活的共同愿景。我们很自豪能够通过我们的创新和技术来支持《奥林匹克议程

2020》，协助奥运会面向数字时代发展进化。"

国际奥委会主席托马斯·巴赫在现场发言中着重指出了与阿里巴巴合作的时代意义，他说："在全新的互联网时代中，阿里巴巴集团的独特优势能够契合并协助国际奥委会。此次合作具有突破意义和创新元素，直至 2028 年的合作期内将协助提升奥运会相关组织的效率，并支持我们在全球范围内寻找数字化机遇。"

阿里巴巴还将为奥运会打造一个全球电商平台；借助阿里巴巴在数字媒体方面的技术及专长，发展及定制面向中国用户的奥林匹克频道。此外，阿里巴巴将输出自己的大数据能力，协助奥运会加强对奥林匹克品牌的保护，实现对奥林匹克知识产权的充分保护。

阿里巴巴集团首席执行官张勇表示："阿里巴巴很自豪能够赋能国际奥委会，推动具有开拓性的数字化转型，这也是我们全球化战略的一部分，同时能够向服务 20 亿消费者的目标更进一步。体育是我们'健康与快乐'长期发展战略的核心，侧重于服务年轻人，成为奥林匹克运动进化历程中的合作伙伴，将在全球范围内加强我们的品牌影响力。"

2014 年在美国纽交所创造全球最大的 IPO 后，就如同三星代表韩国，奔驰代表德国，苹果代表美国一样，全球市场开始将阿里巴巴视作中国创新能力与未来经济形态的代表。

在过去 20 年，中国诞生了联想、华为、海尔这些全球化制造性企业。而未来的 30 年，中国需要在高科技与现代服务领域在全球展开角逐。国际奥委会选择阿里巴巴成为 TOP 一员，正是基于对时代发展的判断。

阿里巴巴 2016 年全平台销售额超过 3 万亿，成为全球最大移动经济体。在商业要素的调动、商业基础设施的搭建上，已是中国对全球市场产生影响的力量之一。尤其在国际贸易规则、技术标准和服务标准上，是中国参与游戏规则制定的重要途径。阿里巴巴成为奥运会 TOP 赞助商，正是中国企业与中国经济参与全球竞争与合作新阶段的开始。

五、教学深度反思

在我们很多年的教学过程中，每次讲到赞助的内容时，同学们经常会问奥运会 TOP 赞助商中为何没有中国企业。当 2017 年我们看到这则新闻后，我们怀着欣喜和自豪的心情立即决定将其纳入案例库。

从公关赞助的角度，这无疑是一笔重要的生意；从民族情感的角度，这无疑是一针强心剂。但这个案例最大的价值在于，它突破了过去传统的赞助模式。阿里巴巴不仅仅是一个紧密参与者，更像是一个奥运会的工程师和设计者，运用一流云计算和大数据基础设施及服务，推动奥运会向具有开拓性的数字化转型，也标志着世界正由互联网时代走向数据时代。

案例十一　承德避暑山庄

——合内外之心，成巩固之业

一、结合课程内容

公共关系的历史与发展/古代公共关系的历史与实践

二、高阶思维引导

现代公共关系虽然没有起源于中国，但中国古代的"公共关系"思想和实践活动是极其丰富的，诸多"类公关"活动值得我们汲取其中的经验与教训。避暑山庄在清代不仅仅是一处避暑胜地，清朝许多重要的政治、军事、民族和外交等国家大事，也都是在这里处理的。因此，承德避暑山庄也称得上是北京以外的陪都和第二个政治中心。统治者们承袭"修建一座庙，胜养十万兵"的祖训，实现"合内外之心，成巩固之业"的目的。

三、思政育人价值

体验中国古代的历史文化。承德避暑山庄的文化内涵体现在两个方面：一是建筑文化内涵，建筑风格都别具一格，千姿百态，充分将南北方的建筑特色和风格加以融合[1]；二是多民族融合文化，康熙、乾隆等历代皇帝在此有效地处理了朝政、边境事务、外交事务，促进中国多民族、多文化的融合发展，也促进了国际交流。

理解当代中国的民族政策。康乾时期，清政府所面临的主要问题来自北部边疆，康熙皇帝以木兰围场与避暑山庄为深入北疆的"前沿阵地"，长期"坐镇热河"来密切清廷与蒙古的关系；乾隆时期以避暑山庄为北疆治理的中心，将其打造成了塞外政治、宗教中心[2]。应该说，避暑山庄是我国多民族国家形成的一个重要的见证。以史为鉴，该案例能够更好地帮助青年大学生理解我国坚持民族平等团结，实行民族区域自治的基本政策。

四、案例内容描述

清朝修建避暑山庄是为了什么①

承德的避暑山庄，建庄总共花了 90 年的时间，他是供清朝王室避暑的行宫。而且在避暑山庄的背后还藏着一个很重要的政治目的，那么这个政治目的是什么呢？

---

① 浑沌话斋. 清朝修建避暑山庄是为了什么 为何会花了将近 90 年的时间呢 [EB/OL]. 趣历史网，2019 - 09 - 16.（表述略有改动）

　　清朝时期的帝王在夏季来临时都会到别院行宫中避暑，这里还有一个极其重要的作用，那就是用怀柔政策实现民族和睦与国家统一。康熙帝所做的这一切也为乾隆的统治起到了极其重要的作用。

　　康熙帝与唐太宗在政治思想上有很大的不同。唐太宗在位期间，率兵数次围剿突厥。但是康熙帝本来就是满族人，作为游牧民族，他也有着不一样的政治思维方式。

　　自从秦始皇嬴政将战国时期的各个国家的城墙连到了一起，万里长城见证和守护了中华民族几千年。

　　明末时期，皇太极数次围攻长城，侵占明王朝的土地。他的部下也曾在山东一带作恶，还在搜刮完当地百姓之后大摇大摆地回到关外。时朝将领戚继光在长城上还做了一些空心的炮台，这样既方便了进攻也可以在处于劣势的时候做到很好的防守，可以说戚继光还是一位能力出众的兵器专家和工程师。但这仍未能抵挡住清军的侵略。

　　清王朝的时候，若是中原与北方蒙古族的关系闹僵，那么长城还修不修建就是一个大问题了。蒙古族几乎是整片亚洲大陆的威胁，因为他们是天生的战士，他们的骑兵也是勇猛无比，这个民族是注定的征服者。康熙帝分析历史后知道，一味地修建长城并没有什么作用，只会无止境地亏空国库。

　　金国人也从1148年开始修建长城，他们建造了现在蒙古地域内一条最长的城墙。但是这个建筑也没有为金国人带来好运，反而将这个王朝推向了覆灭。因此，康熙下令停止建造长城，并建造了热河行宫，也就是后来的避暑山庄。这个伟大的建筑也推进了民族之间的交流和发展，用更和平的方式让各个民族和睦相处，解决了边疆问题。康熙高明的政治手段和宽广的胸怀也从这方面体现了出来。

　　河谷中的王族行宫。

避暑行宫的由来是由于一次王室狩猎。1701 年腊月间，康熙率领一小支骑兵出城狩猎。在到达热河地域的一处河谷时，他突然看见前方有一个水池，上方烟雾缭绕冒着热气。同行的人告诉他，这里曾经为蒙古族的牧场，这是热河泉，曾经多尔衮路经此处的时候还一度想将这个地方建造成一个避暑庄园。

康熙环顾四周，发现这里人烟稀少但是风景优美，不仅有湖泊还有山地。于是康熙的心里开始打起了小算盘。他戎马一生，如今已经功德圆满了，这里的一切正好符合他此时的心境。

7 个月后，夏季来临，王城异常炎热，于是康熙又来到了热河泉。一进这个地方，就感受到了丝丝凉意，再往深处走，更是凉爽万分。这里绿草如茵，景色秀丽，是个避暑的好地方，而且这里离王城也不远。于是，康熙回宫之后立马下令，让下属开始着手修建行宫。

1713 年，行宫的第一阶段差不多修建完成了。这个阶段主要就是在温泉的旁边修建岛屿和堤岸，然后再搭建几所宫殿，筑起围墙和栽种花草树木。主要就是利用这片地区天然的结构来修建的，尽量不去人为地破坏这里的一草一木。

木兰围场与避暑山庄是为了达到康熙"合内外之心，成巩固之业"的目的。

自从行宫搭建好之后，康熙每年都会在这里游玩一两次。先是直接去到山庄住一两天，然后等修养完毕之后再去围场狩猎和举行庆典。行宫内的风景迷人，也很幽静，康熙每次来到这里都心情舒畅。

当时，康熙还让一个意大利人为行宫作画。由于夏季炎热，需将窗户打开才能使室内气温下降，于是这个传教士在作画的时候，经常都可以窥视到皇帝的一举一动。也因为这个经历，他后来还出版了一本书。书里写道："康熙帝在行宫中时，除了身边的宦官宫女和自己的妃子外，几乎见不到其他的人，所以他也是很孤单的。"

除了这个传教士外，康熙也和欧洲各国的传教士有着密切的往来。他认为中原和西方国家之间的交往贸易是很重要的。他的求知欲很旺盛，也对西方国家的文化和信仰很感兴趣。康熙还曾拜朝中的欧洲传教士为师，让他们教授自己关于天文、医学、音乐绘画方面的知识。

由于蒙古族人的原因，清代的长城渐渐被人遗忘，边塞也不再像是边塞，中原文化也受到当时欧洲各国颇深的影响。虽然这些有很大一部分是出自满清贵族的兴趣，对普通百姓并没有什么太大的影响。但是，这种对异国文化的接纳，也能与鼎盛时期的唐朝相媲美了。

这个时期的清王朝由于对西方科学技术的接纳，一直是处于向上走的趋势。不仅仅是中原吸收了大量的西方文化知识，中原文化对欧洲各国同样也有着深远的影响。汉人的服饰、文化和习俗，在西方国家也渐渐流行起来。康熙帝在欧洲也是成了家喻户晓的人物，西方百姓在自己的脑海凭借想象，描绘出这位东方王者的音容笑貌。

热河行宫也处在相当重要的一个地理位置，东南西北四个方向都可掌控着中原的命脉，所以这个建筑也有着非常重要的战略意义。不仅可以供王族在夏季来临时避暑，同时也让中原人与蒙古族及其他少数民族的关系有所缓和，维护了民族的和睦和国家的统一。

在康熙之后，后面的两位帝王也在不停地完善这座行宫。从最初的几所宫殿到最后建造出的四个大的园区。从 1703 年到 1792 年，一共花费了将近 90 年的漫长岁月，这座伟大的建筑最后一项工程也竣工了。

五、教学深度反思

很多同学对于清政府为何要花 90 年的时间修建避暑山庄并不理解，

简单地认为这是帝王们享受荣华富贵的表现。因此，本案例的教学，不用纠结于历史的准确性，我们可以从公共关系的思维去解读历史，阐释清朝政府之所以选择在承德修建避暑山庄，有出于气候条件、地理条件的考虑，使之成为难得的避暑胜地；但更有外交、军事、民族方面的考虑，以致其成为清王朝的第二政治中心。它和"康乾盛世"许多重要历史事件、重要历史人物有着密切的联系。总之，清帝兴建避暑山庄的政治意义要远远大于它的避暑用意，山庄的兴建是清政府联络蒙古各部及巩固北部边防的一项重要措施[3]。从后来历史的发展现实看，其对于国家治理起到了至关重要的作用。

参考文献

[1] 霍云星. 浅谈承德避暑山庄的历史文化及发展 [J]. 安徽文学（下半月），2015（01）：151，157.

[2] 王晓辉. 清代避暑山庄官制演变与边疆治理 [J]. 黑龙江民族丛刊，2017（04）：84-91.

[3] 于佩琴. 略论避暑山庄的历史地位和作用 [J]. 河北民族师范学院学报，2012，32（03）：10-17.

案例十二 构建人类命运共同体的价值内涵

——中国向世界传递人类文明走向

一、结合课程内容

公共关系的主体/政府公共关系

二、高阶思维引导

2013 年，习近平主席首次提出构建人类命运共同体的倡议，党的十九大更是宣示了中国愿同各方推动构建人类命运共同体的真诚愿望。坚持推动构建人类命运共同体，是习近平新时代中国特色社会主义外交思想的重要内容，是习近平新时代中国特色社会主义思想的重要组成部分。这一倡议体现了中国致力于为世界和平与发展做出更大贡献的崇高目标，体现了中国将自身发展与世界发展相统一的全球视野、世界胸怀和大国担当。本案例系统阐述了中国政府构建人类命运共同体的价值内涵，也是我国国际公关战略的重要诠释。

三、思政育人价值

增强大学生爱国主义理性认知。人类命运共同体视角下新时代大学生的爱国主义教育，是着眼于人类的核心利益和全世界人民的长远发展的前提之下，切实引导学生在广阔的国际视野之下理性爱国、理智报国。理性的爱国，本质上是对自由、平等、公正等一切有利于人类发展的价值的追求[1]。因此，在教学中，我们应该站在更高的格局去思考，去引导大学生投身于中华民族伟大复兴的历史使命，奉献青春，贡献力量。

坚定文化自信，担当历史使命。习近平提出构建人类命运共同体"要尊重世界文明多样性，以文明交流超越文明隔阂、文明互鉴超越文明冲突、文明共存超越文明优越"[2]，大学生作为社会主义新时代的建设者和接班人，要将自身前途命运同国家和民族的前途命运、同世界的前途命运紧密联系在一起，坚定文化自信，担当历史使命，促进文化互鉴交流，推进构建人类命运共同体。

四、案例内容描述

构建人类命运共同体的价值内涵①

自 15 世纪末 16 世纪以来，资本主义生产方式在封建社会母体中逐渐成熟，同时，随着"新大陆"的发现和欧洲"商业革命"的爆发，

---

① 阎孟伟. 构建人类命运共同体的价值内涵［N］. 光明日报, 2019 - 02 - 11：15. 表述略有改动。

也开始了资本主义世界市场的开拓，由此开启了经济全球化的历史进程。从根本性质上说，经济全球化就是资本主义市场经济突破国家民族的界限在世界范围内的拓展，并逐渐形成了由追求价值增值的资本逻辑决定的"竞争博弈"式的全球化模式。发展到今天，这个模式使世界经济体系本身充满了矛盾、竞争和对抗，给世界带来了一系列问题，如全球范围内的贫富分化问题、国际政治秩序问题、文化冲突问题、生态环境问题、全球资源的分配问题等，造成全球范围内经济对抗、政治冲突、文化冲突，导致了两次世界大战以及直到今天还在频繁发生的军事冲突等，使这个世界变得越来越不安宁，以致于不少国家对经济全球化这个历史潮流充满了忧虑和疑虑。

中国共产党提出推动构建人类命运共同体，就是力图为解决这些重大国际问题做出努力。习近平总书记在各种国际外交场合和国内重要会议中多次对人类命运共同体理念进行了详细阐释，并用这一重要理念向世界传递对人类文明走向的中国判断。

随着经济全球化的迅速发展，习近平总书记强调，"国际社会日益成为一个你中有我、我中有你的命运共同体"。不管经济全球化给一个民族国家带来什么样的后果，是受益，还是受害，还是利害并存，都必须面对这个历史潮流。因此，问题不在于一个民族国家能否避开经济全球化的历史潮流，而在于如何面对这个历史潮流的挑战，如何积极地参与到这个历史潮流中，更在于如何通过世界各国的共同努力来克服数百年来经济全球化进程中所包含的内在矛盾和严重弊端。人类命运共同体理念的提出，旨在把握人类利益和价值的通约性，在国与国关系中寻找最大公约数，建构相互合作、公平竞争、和平发展的新的世界格局，逐步建立和实现全球人类和谐共存的美好世界的愿望。为达此目标，推动构建人类命运共同体本身包含了足以引导世界走出经济全球化困境的基本价值理念，这些价值理念至少体现在如下五个方面。

其一，针对经济全球化过程的"竞争博弈模式"，人类命运共同体理念倡导"合作共赢"模式。习近平总书记强调："我们的事业是同世界各国合作共赢的事业。""合作共赢"是人类命运共同体的核心理念。习近平总书记指出："世界多极化、经济全球化、文化多样化、社会信息化深入发展，弱肉强食的丛林法则、你输我赢的零和游戏不再符合时代逻辑，和平、发展、合作、共赢成为各国人民共同呼声。"也就是说，经济全球化不能再沿着以往那种丛林法则和零和游戏的模式走下去了。和平、发展、合作、共赢才是世界发展的大势。一个国家要发展繁荣，就必须把握和顺应这个世界大势。

其二，追求国际公平正义。当前的经济全球化是在资本逻辑支配下进行的，资本逻辑本身所关注的是"利益的最大化"而不是公平正义。这种价值取向在当今已经赤裸裸地呈现出来，"没有永恒的敌人，也没有永恒的朋友，只有永恒的利益"似乎已成为公认的通则。在这个通则之下，很多人已经不相信有什么普遍的国际正义，不相信正义原则可以引领世界潮流。针对这种情况，人类命运共同体理念强调国家不分大小、强弱、贫富一律平等，尊重各国人民自主选择发展道路的权利，维护国际公平正义，反对把自己的意志强加于人，反对干涉别国内政，反对以强凌弱，"让发展繁荣、公平正义的理念践行人间！"

其三，追求国际关系民主化。针对目前少数西方发达国家主宰经济全球化过程以及由此形成的单边主义、霸权主义，习近平总书记明确指出，世界命运握在各国人民手中，人类前途系于各国人民的抉择，因而"我们要推进国际关系民主化，不能搞'一国独霸'或'几方共治'。世界命运应该由各国共同掌握，国际规则应该由各国共同书写，全球事务应该由各国共同治理，发展成果应该由各国共同分享。"他强调，

"中国秉持共商共建共享的全球治理观"，支持扩大发展中国家在国际事务中的代表性和发言权。主张世界上的事情应该由各国人民商量着办，要相互尊重、平等协商，坚决摒弃冷战思维和强权政治，走对话而不对抗、结伴而不结盟的国与国交往新路。要坚持以对话解决争端、以协商化解分歧，统筹应对传统和非传统安全威胁。

其四，追求持久和平。持久和平，自古以来就是各民族国家饱受战乱之苦的人民梦寐以求的理想。和平与发展依然是当今世界的主题。中国始终坚持走和平发展道路，并把追求持久和平作为构建人类命运共同体的基本价值理念。习近平总书记指出，和平是人民的永恒期望。没有和平，发展就无从谈起。从历史上看，有着五千多年历史的中华文明，始终崇尚和平、和睦、和谐的生存状态，自古就提出了"国虽大，好战必亡"的箴言，"以和为贵""和而不同""化干戈为玉帛""睦邻友邦""天下大同"等理念更是世代相传。因此，"我们将坚定维护亚洲和世界和平稳定。中国人民对战争和动荡带来的苦难有着刻骨铭心的记忆，对和平有着孜孜不倦的追求。中国将通过争取和平国际环境发展自己，又以自身发展维护和促进世界和平。"中国人民坚持走和平发展道路，也真诚希望世界各国都走和平发展这条道路，共同应对威胁和破坏和平的各种因素，携手建设持久和平、共同繁荣的和谐世界。为此，习近平总书记代表中国人民向全世界发出铿锵有力的誓言："让铸剑为犁、永不再战的理念深植人心。"

其五，彻底打破国强必霸的逻辑。从历史上看，在现行的经济全球化过程中的确存在着国强必霸的现象，英国、德国、美国、日本等，这些国家一旦强大起来，就必然谋求世界霸权，扩充自己的势力范围，甚至直接侵犯其他国家的领土和主权。国强必霸显然是竞争博弈式经济全球化模式的一个基本表现。对此，有人危言耸听地抛出一个所谓"修昔底德陷阱"的论调，认为新崛起的大国必然会威胁现存的大国，现存大国也必然会起而应对这种威胁，从而使大国间的战争难以避免，就像古希腊史学家修昔底德曾经描述的雅典挑战斯巴达导致伯罗奔尼撒战争那样。因而，有人担心，中国发展强大起来，会不会也走国强必霸的老路。一些西方国家更是渲染"中国威胁论"，视中国的发展壮大为对自身的威胁，认为中国发达起来之后，也必然会谋求霸权，从而处心积虑地贬损和歪曲中国的发展战略，千方百计地遏制中国的发展。事实上，世界上并没有什么"修昔底德陷阱"，国强必霸也不是历史定律。中国人民自古以来就倡导"强不执弱，富不侮贫"的道理，所谓"中国威胁论"完全是出于对中国历史文化和现实政策不了解，或者是出于一种误解和偏见，或者是有着某种不可告人的目的。中国始终坚持走和平发展道路，坚持独立自主的和平外交政策，这不是权宜之计，而是中国的战略选择和郑重承诺。因此，"中国不认同'国强必霸'的陈旧逻辑"，走殖民主义、霸权主义的老路一定会碰得头破血流。只有和平发展道路可以走得通。因此，习近平总书记多次代表中国人民向全世界做出永不称霸的庄严承诺。他说："中国从一个积贫积弱的国家发展成为世界第二大经济体，靠的不是对外军事扩张和殖民掠夺，而是人民勤劳、维护和平。中国将始终不渝走和平发展道路。无论中国发展到哪一步，中国永不称霸、永不扩张、永不谋求势力范围。历史已经并将继续证明这一点。"

　　坚持合作共赢、追求国际公平正义、追求国际关系民主化、追求持久和平、彻底打破国强必霸的逻辑，这五个方面成为构建人类命运共同体的基本价值追求和精神实质。因此，推动构建人类命运共同体所要达到的目的，就是"建设持久和平、普遍安全、共同繁荣、开放包容、清洁美丽的世界。"显然，人类命运共同体理念的提出，就是力图从根本上改变现今经济全球化的固有模式，克服经济全球化过程中始终存在的内在矛盾和严重弊端，把人类始终追求的和平、安全、合作、互利、共赢、共享、平等、自由等理念完整地注入世界文明的发展进程中。

五、教学深度反思

迄今为止，我们现行的公共关系理论和公共关系传播理论都建立在西方公共关系学和传播学理论的基础之上，尽管我们对这些理论也做了些修补，强调了中国特色，但还是有些"水土不服"[3]。中国在治国理政的实践中提出构建人类命运共同体，力求打造世界新形象，建立世界新秩序，构建国际新格局，极大地开拓了公共关系研究的理论视野。

可以说，人类命运共同体是理论和实践的高度统一体，蕴涵着中国文化和中国哲学的意义，从营造世界新秩序、塑造国家形象上来看待公共关系，格局大、视野宽。中国政府把公共关系当成是治国理政的一个重要工具，在实践中指明了公共关系为治国理政服务的大方向，开创了公共关系理论和应用的新领域。从这个角度讲，本案例在教学中能够极大地鼓舞大学生学习公共关系的积极性，对公共关系理论与实践的中国化充满信心。

参考文献

[1] 孙珊. 大学生爱国主义教育路径研究——基于人类命运共同体视角 [J]. 南方论刊, 2019 (01): 98 – 100.

[2] 习近平. 决胜全面建成小康社会 夺取新时代中国特色社会主义伟大胜利——在中国共产党第十九次全国代表大会上的报告 [M].

北京：人民出版社，2017.

[3] 马志强，陈金金. 论习近平新时代中国特色社会主义公关谋略与公关传播思想的时代特点 [J]. 公关世界，2019（19）：58－63.

案例十三　岐黄国医外国政要体验中心

——中医文化的体验式传播

一、结合课程内容

公共关系传播/传播要素、传播效果

二、高阶思维引导

国家软实力，主要指一国在文化力、制度力基础上所形成的对本国民众和其他国际行为体的感召力、吸引力、协同力与整合力[1]。文化软实力是民族凝聚力和创造力的重要源泉，是国家核心竞争力、国际影响力的重要因素。中医药文化与中华传统文化同源共生，是中华优秀传统文化的载体和结晶，是世界医学体系中最具特色和优势的传统医学，中医药文化兼具民族文化性与科学实用性的特点，也使其能够成为中华优秀传统文化国际化传播的先导。

因此，要充分发挥中医药文化作为中华优秀传统文化的载体以及先导的作用，就要加强中医药文化国际传播，提高中医药文化在国际上的认知度，进而使中医药的技术、理论及文化内涵逐步得到全世界的认可和接受，终臻提升国家文化软实力，造福人类。所以，传播中医药文化对我国文化软实力的提升有着积极的作用。

三、思政育人价值

树立中医药文化自信。大学生应该增强文化自觉，认识学习中医药学的责任感和自豪感，正视中医药自身的特色优势与不足，提高中医药文化的认知与认同度。引导青年学生坚守中医药文化核心价值观与中医药思维，在保存中医药文化特色与文化基因的前提下，积极学习、借鉴与吸收现代科学技术与现代医学文化，不断充实与完善自己[2]，将中医药文化作为助推中华文化"走出去"的先锋，在提升文化软实力与国际影响力中增添文化自信。

四、案例内容描述

岐黄国医外国政要体验中心①

2015 年 6 月 24 日，由太湖世界文化论坛主办、江西省人民政府支持，江西中医药大学、江中集团承办的全国首个岐黄国医外国政要体验中心（以下简称体验中心）启动仪式隆重举行。

———————

① 案例根据以下资料整理：[1] 江中新闻. 全国首个岐黄国医外国政要体验中心启动仪式隆重举行 [EB/OL]. 江西中医药大学新闻网，2015 - 06 - 24.；[2] 刘婷. 中医文化的体验式传播——论全国首个岐黄国医外国政要体验中心 [J]. 农村经济与科技，2016，27（24）：185.；[3] 岐黄国医外国政要体验中心网站. （表述略有改动）

　　体验中心的正式启动，是弘扬传播中国传统文化的新创举，是贯彻落实习近平总书记"中医药学凝聚着深邃的哲学智慧和中华民族几千年的健康养生理念及其实践经验，是中国古代科学的瑰宝，也是打开中华文明宝库的钥匙"重要指示的具体体现，对于推进江西省融入"一带一路"倡议及中医药强省战略的实施，促进江西旅游品牌建设和中医药事业发展，具有积极而深远的意义，也标志着江西中医药大学国际化办学再上新的台阶。

　　中心成立后，先后接待过柬埔寨国王西哈莫尼，爱尔兰前总理伯蒂·埃亨等领导人及俄罗斯彼尔姆代表团等各国访问团。体验期间，大家进行中医诊脉，体验望闻问切的神奇；品尝药膳，参观中药炮制场所；一起学习气功；等等。这些形式多样的中医体验活动，目的是以中医药为载体，推动中医药文化对外交流，促进国际社会认知和应用，推动中华文化的有效传播。

　　外国政要们体验中医的活动，就是体验传播活动。体验和传播两者相互依存，体验是传播的形式模式，传播是体验的目的目标。美国社会学家弗格森在《感官经济》一书中提出，人们在这样的过程中参与的感觉器官包括口、鼻等及内部心理活动。可见，体验过程中，人的主观能动性起着巨大的作用。同样地，传播也是一项具有主观能动性的活动，指人们在活动中积极进行有意义的交换和信息分享。相比起电视传播、口头传播、网络传播等形式，增加了一种身临其境的美妙感觉。

　　中心的体验活动的成功是由多种体验要素构成的：（1）鲜明的体验主题。中医是我国传统文化精髓，目前其传播主要依靠大众媒介、海外教育机构、海外中医诊所等机构，这种以外国政要来访身临其境体验中医的形式尚属首例。（2）特色的体验场所。中心具体设立在江中集团，它是江西省国资委下属国有大型中药制药企业，前身是江西中医学院校办工厂。江中猴菇饼干、健胃消食片、草珊瑚牙膏已是家喻户晓的产品，历经数十年的发展，现已成长为一家集医药制造、保健品、功能食品于一体的现代化企业集团，在中医药研发生产领域的地位举足轻重。将体验中心设置在江中集团厂区内部，可以更加贴近中医药生产研发的第一线，更有一种身临其境之感。

该中心的成立，得到了国内众多中医药科研、医疗机构以及包括国医大师在内的中医药名家的鼎力支持和热情参与。有利于通过中医防病治病的优势领域，以中医药为载体，推动中医药文化对外交流，促进国际社会认知和应用中医药，推动中医药走出国门，推动中华文化的有效传播；有利于发挥江西省良好区位优势，促进医疗养生旅游产业发展，打造江西省中医药国际品牌，推动江西开放升级、发展升级；有利于发挥江西中医药大学办学优势，加快推进学校国际化办学进程；有利于助推相关企业做大做强，更好地服务于人民的公益事业。

五、教学深度反思

在"一带一路"倡议的时代背景下，中医药需要加快海外传播的速度，丰富文化传播的形式，减少文化传播的阻力，在国际舞台上创造文化影响力与经济价值。党的十八大以来，中医药发展迎来了天时、地利、人和的大好机遇，在以习近平同志为核心的党中央领导下，各级党委和政府更加自觉、更加主动推动中华优秀传统文化的传承与发展，取得了一定成就，但并没有达到担当中华文化"走出去"之先锋的预期，其中一个重要掣肘是中医药文化传播受阻。

受中西方价值观存在差异等诸多因素影响，中医药文化要想走向全球化，就要有文化交流与文化认同，才能逐渐改变中医药文化传播受阻的现状，而这便需要我们设计有特色的传播路径。全国首个岐黄国医外国政要体验中心在中医文化传播中发挥的作用是巨大的，在迎接一批又一批的政要活动中，体验中心传承特色、与时俱进、不断创新，牢牢把握机遇，充分利用体验传播的优势和意见领袖的作用来弘扬传统中医文化，这份体验式传播将给中医药文化的对外传播提供良好的参考价值。

参考文献

[1] 黄金辉，丁忠毅. 中国国家软实力研究述评 [J]. 社会科学，2010 (5)：31 – 39.

[2] 张宗明. 论中医药文化自信 [J]. 南京中医药大学学报（社会科学版），2018，19 (01)：1 – 5.

案例十四　富士康员工跳楼事件

——内部公众需要人文关怀

一、结合课程内容

公共关系的客体/员工关系

危机公关/危机处理的基本原则

二、高阶思维引导

社会学家埃米尔·迪尔凯姆认为："当个体同社会团体或整个社会之间的联系发生障碍或产生离异时，便会发生自杀现象。"富士康"N连跳"是整个社会自杀问题的集中反映，也与富士康的经营理念、企业文化、管理制度缺失有关。作为典型的制造型企业，流水线上的工人重复着简单的劳动，会带来心理压力，再加上他们在恋爱、考核、奖惩及人际关系处理中，遇到困惑而带来情绪波动、思想郁闷、精神痛苦，在这种情况下他们更需要关怀[1]。或许富士康不是个例，而是一个普遍问题的集中反映，因此，事件发生后引起了社会和政府的广泛关注。

三、思政育人价值

大学生生命教育。事件中坠楼者全都是 17～23 岁的年轻人，与大学生年龄相仿。提示我们，大部分高校至今仍缺乏对学生生命关怀的教育氛围，缺乏明晰的生命教育目标，因而难以真正教会学生如何正确地面对生命[2]。引导学生认识和接受生命的意义，学会珍惜、尊重、热爱生命，保持积极、健康的生活态度，树立正确的生命价值观，以博大的胸怀和坚韧的毅力去实现个人的价值，在社会中做出自己的贡献。

培养大学生社会责任感。该事件绝非偶然，是当今青年一代社会问题的缩影，促使我们提高警惕并引以为戒。青年人是祖国的未来，培养他们的社会责任感，提升适应环境的能力，提高独立思考能力、社会生存能力，正确面对困难与问题，改善心灵脆弱的一面，克服其心理危机，应当引起我们足够重视。

四、案例内容描述

富士康员工跳楼事件①

富士康科技集团（FOXCONN）是全球最大的电子产业专业制造商，该公司在大陆的员工共有约 100 万人，主要客户包括苹果（AP-

---

① 案例根据以下资料整理：［1］百度百科．富士康跳楼事件［EB/OL］．百度网，2013－04－24；［2］联合早报．深圳富士康 又一员工坠楼亡［EB/OL］．闽南网，2011－07－22；［3］祝小萌．富士康事件中的公共关系学［EB/OL］．网络营销教学网，2011－10－30．（表述略有改动）

PLE)、诺基亚、索尼爱立信在内的全球顶尖 IT 客户群。深圳龙华园区是公司旗下最大的工厂，共有约 47 万名员工。2010 年 3 月至 5 月期间，深圳富士康共发生 13 起（具体数字报道不统一，网络上也用"N"代替）员工连环跳楼的事件，令这家世界 500 强企业遭遇重大考验。富士康此后采取了不少措施来应对危机，努力摆脱外界对其"血汗工厂"的负面评价，包括大幅度增加工人的薪金、提高对工人的关怀、关注员工心理健康等。与此同时，富士康也加速内迁步伐，在成都、郑州、太原等中西部多个城市设厂。

富士康跳楼员工谁之过？

富士康接二连三跳楼事件的责任主要在于企业忽视了内部公共关系的处理。作为全球最大的代工企业，富士康远离终端市场，导致内部公关的薄弱。在处理内部公关方面，富士康存在以下几方面的问题。

满足员工的物质精神方面。事实上，富士康与深圳的众多企业相比，工资水平在平均水平之上。但工资高建立在高强度的劳动作业上，部分员工有时每天需要工作 12 个小时。"我们是 10 小时工作制，两班倒，白班为早上 8 点上班，晚上 8 点半下班，其中中午和傍晚分别有一小时吃饭时间；晚班是晚上 8 点半开始上班，第二天早上 8 点半下班，凌晨一两点的时候会有休息时间。平时加班并不算加班费，只有周末加班才算加班费。"小郭说，工资有按件计的、也有按时计的。"我是新手，在流水线上做得比较慢，组长经常会凶我，我上个月的工资才拿了 1100 元。"言语间，小郭有些委屈。另一名员工小江来的时间比小郭要长，比较熟练，上个月工资就拿了 1700 元。说起工作环境，三人说车间有空调，环境不错，不过她们最怕的就是挨流水线领导骂。高强度的劳动作业造成员工极度疲劳、生活的单调和员工之间的交流减少。工作和休息占据了他们所有的时间，而真正用于交流娱乐和锻炼的时间很少。生活的单调和人际关系的冷漠造成精神上的巨大压力，这一切都与激情的 90 后对社会的憧憬反差太大。孤独，无助，无救济机制，前途的渺茫，生活的压力，迫使员工的精神走向崩溃的边缘。

员工管理方面的问题。富士康确实有半军事化的管理倾向。富士康内部交往利益化很严重，人与人之间的关系自私冷漠。上级轻视员工，忽视员工的尊严，更谈不上确立员工主人翁的地位。富士康设立了监工机制，使员工处于监工的监视之下工作，员工感觉人格受到极大的侮辱。不仅如此，甚至有监工打骂员工，并以罚款相威胁来限制员工的人身自由。富士康也设立了机核体系，如员工被拍工作时间睡觉，将被罚款 500 元。这不是罚款的问题，而是人格尊严问题。"千万别得罪富士康的保安，不然吃不了兜着走。"一名富士康员工坦言富士康保安整一名员工办法之多、手法之厉害。

内部沟通方面的问题。富士康由于企业的代工性质，没有重视企业上层与员工之间沟通渠道的建设。上下级之间信息阻塞，进而引发同级员工之间沟通的障碍。富士康领导层在一系列跳楼事件事发之前对员工的境况一无所知，领导视察变成了一种形式而无实际意义。上层视察走马观花，敷衍了事，根本不会深入基层中去了解实际问题。沟通渠道不畅，管理就会出现误区，不能解决员工的实际问题，直到公司的管理病入膏肓，悲剧出现。

硬件设施缺乏或是很少开放。据调查，富士康在深圳龙华和观澜两个园区共有职工 40 多万，而两处的游泳池总共只有五个，游泳池远远满足不了员工的需求。这不是主要问题，重要的是或许由于不对员工开放，在富士康工作多年的员工并不知道公司有游泳池或者说不知道游泳池的具体位置。新员工就更不必说了。

员工在企业缺少真正的自由。如果说设监工和机核机制是为了提高效率，则限制其他方面的员工的活动纯粹是自由的剥夺。如富士康规定员工的衣服必须由洗衣公司代洗，员工却不能自己洗。在食堂就餐方面，对员工使用卡或现金进行限制。员工的自由甚至是尊严遭到侵犯。

组织内部正式团体对自身认识的歪曲。内部工会组织的主要责任是代表员工参与决策，反映员工对公司提出的要求。而事实是富士康工会的职能已经转变成为公司服务的工具，工会脱离员工，员工的要求和处境得不到解决。顽疾由量变转为质变，成为公司的一大毒瘤。

在外部公关处理方面，富士康也有诸多不当之处。

与媒体缺乏良性互动，缺少与媒体打交道的经验。事发之后，富士康没能及时通过媒体反映事件的真实情况，即没有让社会看到公司坦诚的一面。有意隐瞒，使公众产生了许多猜测，如妖魔化富士康，给公司罩上了一层阴影。公司的形象遭到破坏，无形价值流失。

处理流言方面经验欠缺。当有公司负面的信息传播时，公司并没有及时息事宁人，而是坐观其变，直到事态严重，发展到外界开始妖魔化公司的地步。北京调查团的介入，负面新闻的传播，公司已经错过了最佳处理时间。

把公司的负面信息传播给公众。悲剧发生之后，富士康确实采取了一些办法，但目的不是解决实际问题，而是做给外部看的。比如建立宣泄室，然而向外界透露的信息与实际不符，宣泄室并不开放。另外还请五台山高僧布法，但内地大部分人并不信佛，在内地看来，公司用迷信方法来敷衍公众，反映效果是极其不好的，公司的公关处理变得更被动。

有意封闭信息，不是寻求公众谅解。富士康不是以坦诚的一面示众，而是有意隐瞒实情。限制公司内部信息的外传，限制外部人员探查实情。调查的记者无法以公开身份进入，只能充当密探去卧底，并时刻保持警惕。当内部消息公开时，富士康在公众心目中的形象一落千丈。

企业承担社会责任方面。悲剧的发生是由于众多因素所导致的，但公司单方面地将责任推卸到职工自身，这是谁也无法接受的公司对事件原因的调查结果。因为企业的自身是根本。另一方面，作为全球最大的代工企业，富士康所给予中国内地员工的薪金远远低于其他国家，一些西方国家企业曾因为富士康的血汗工厂标签怕影响自己的声誉而拒绝同该企业合作。

改革开放之后，中国的经济成就离不开对于人口红利的依赖，而富士康就是其中的一个典型的得益者。中国南方城市大量廉价和过剩的农民工劳动力，为跨国公司的工厂转移提供了低廉的生产成本，而代工企业是最典型的依赖成本优势模式的公司。富士康创始人郭台铭曾这样诚实地解释过公司的经营哲学：富士康的高速成长，靠的是"四流人才，三流管理，二流设备，一流客户"。然而，时过境迁，这一人力成本模式正在经受严峻考验。

五、教学深度反思

在学习公共关系时，我们发现很多公司倡导的企业文化，更多注重的是企业价值和竞争力，而通常忽略人文关怀，忽略和谐雇佣关系的重要性。为何很多企业的管理层容易忽略员工关系，本质上是对于公共关系理解的片面性。本案例能够帮助大学生更好地理解员工关系管理中所应体现的民主、文明、平等、敬业等社会主义核心价值观，以及个人价值与组织价值的关系。

从危机公关来看，在富士康出现员工连续跳楼事件之后，对危机的反应迟钝，处理不及时，信息混乱，对公众不真诚、不坦率，也没有主动、有效地承担责任。冰冻三尺非一日之寒，长期以来，富士康已经曝出了很多负面新闻，这进一步说明了企业危机公关意识的缺乏。危机公关意识不是泛指能够防范和应对企业危机的所有管理意识，而是特指在危机公关中如何创造一个能让企业克服困难、不被干扰的良好舆论环境的思维意识[3]。信息传播时代，对每一个企业这都是无法回避的课题。

参考文献

[1] 方炜，侯泽宇. 制造型企业员工归属感建立的深层次剖析——透视富士康跳楼事件 [J]. 机械制造，2011，49 (07)：59 – 62.

[2] 苏宝芳，张殿起. 生命教育：高等教育的重大现实课题 [J]. 泰山学院学报，2008 (04)：102 – 104.

[3] 刘澍. 浅议企业的公关危机与危机公关 [J]. 辽宁经济管理干部学院学报，2010 (01)：29 – 30.

案例十五　一个值班经理的日记

——情感比事实更重要

一、结合课程内容

公共关系的客体/顾客关系

二、高阶思维引导

英国哲学家休谟（David Hume）以事实与价值的区分为基础提出了事实知识与价值知识的区别。他认为事实知识可求之于检验、鉴定，可用于描述某种既定的事件；而价值知识却复杂得多，其起之于情，诉之于心，但比事实知识更容易打动人心。正确处理顾客纠纷是建立良好的顾客关系的重要保障。很多企业处理顾客关系最复杂的环节就是面对纠纷时的措施与方法，我们在教学中即使向学生灌输了很多理念，也倡导"顾客永远是对的"理念，正确理解"顾客永远是对的"相对容易，但如何实践"顾客永远是对的"并非易事，需要企业有良好的全员公关引导，面对现实情况时，灵活执行。这篇日记，用朴实的语言为我们还原了一个值班经理如何成功地处理顾客关系案例。

三、思政育人价值

理解与践行社会主义核心价值观。案例能够让学生体会到顾客关系管理中所体现"敬业、诚信、友善"等核心价值观。大学生是社会主义的建设者，未来无论身就何职、身处何位，都要自觉地把国家、社会、组织层面的价值追求融入自己的精神世界，为国家富强、民族振兴和人民幸福做出自己应有的努力和作为，成为一个敬业、诚信、友善的人[1]。

四、案例内容描述

一个值班经理的日记

有位女顾客声称在超市买了过期的杯装奶，说自己的孩子喝过以后呕吐不止，要超市负责任。我是当天的值班经理。

解决必要的顾客纠纷是每个员工分内的责任。我去客服中心，了解了一下情况，将她请进办公室，耐心地听完该顾客的诉说。但当我看她的购物小票时竟发现购物日期那一项被撕掉了，而该商品的保质期只有15天，到8月26号应该到期的。根据店内的退换原则，此类商品三天内是允许调换的，不过食品的纠纷是最不好解决的，顾客很是气愤，说超市对消费者的健康不负责任。

其实解决纠纷的根本就是你要站在顾客的角度去解决问题，不要吝啬多说几句贴心的话，理解顾客的心情。我诚恳地向该位顾客道了歉，并承认可能是商店的失职和责任，并亲自打了电话询问了小朋友的情况。还好小朋友的反应不是太坏，只是有些恶心，这样，那位顾客也就没有了火气，说自己也不是故意来找超市的麻烦。我深知每位顾客都不会来店内无事生非的，所以我理解她，叮嘱她回去后好好带孩子去医院检查一下，谁都不愿发生这样的事，孩子的健康是最重要的，如果有事，一切费用由超市来负。顾客满脸地微笑了，我给她写下了保证书并递上了名片，让她相信超市是以认真诚恳的态度来承担此类事件的责任的。最后，退了商品，我送她欣然离去。今天早上刚给她打过电话，说孩子没事，请超市放心，并感谢超市对消费者的承诺，而且还会一如既往地支持超市。我听了很欣慰，真的，服务是超市的命脉，不管什么服务都要做到位，不然我们的衣食父母不会来给我们创造效益。

五、教学深度反思

作为在校大学生，实践经验和社会经验都不丰富，在顾客关系处理中，如何处理情与理的关系是一个难点问题。我们在向学生提问的过程中发现，很多同学在面对案例中的情况时，会带着"验证"的思维去证明事情的事实。比如，顾客提供不了能够证明有效日期的小票，顾客的孩子是否真的生病了……不但没有抓住处理问题的核心，也丧失了最好的安抚顾客的时机。可以说，这篇日记给同学们上了很好的一课。

参考文献

[1] 杨建义. 社会主义核心价值观"三个层面"的内在整体性探析 [J]. 思想教育研究，2015（08）：47－50.

案例十六　品味同仁堂三百年历史

——感悟百年中药企业文化

一、结合课程内容

公共关系的历史与发展/古代公共关系思想与实践

社会组织形象/组织形象塑造的基本要素

二、高阶思维引导

"同修仁德，济世养生"是同仁堂的核心价值观，是其作为中药老字号，生存340多年仍能蓬勃发展的内在精神驱动。"修合无人见，存心有天知"，同仁堂秉持这样的自律理念，做良心企业，本质是对"诚信"的坚守。诚信，是中华民族的传统美德。自古以来，开店置业以信为天，为人处世应当以诚信为基本要求，做人如此，做产品也是如此。"炮制虽繁必不敢省人工，品味虽贵必不敢减物力"，同仁堂作为一家制药企业，秉承兢兢业业，实实在在的制药理念，不因为工艺过程的繁琐而投机取巧走捷径，也不想降低成本增加收益而随意减少投入以次充好，对联中的"必"和"不敢"是对产品高品质的极致追求。

三、思政育人价值

增强中医药文化自信。"老字号"是在岁月长河的洗礼中留下的珍品，具有鲜明的中华民族传统文化背景和深厚的文化底蕴。让学生认识同仁堂的企业历史，更深刻地感受到"德、诚、信"的企业文化，学好中医药、用好中医药、传播好中医药。

践行社会主义核心价值观。同仁堂文化是儒家思想和中医药事业的结合，将中医药养生作为济世的事业，将制药的诚信作为个人的品德，济世和诚信的价值追求成就了同仁堂，对培育和践行社会主义核心价值观也具有启示作用[1]。当前，同仁堂逐步形成并不断完善了以"讲质量、重诚信、守仁德"为核心内容的员工岗位职业行为规范，对青年学生有很好的教育意义。

四、案例内容描述

品味同仁堂历史，感悟百年企业文化①

北京同仁堂是全国中药行业著名的老字号，创建于 1669 年（清康熙八年），自 1723 年开始供奉御药，历经八代皇帝共 188 年。在 300 多

---

① 案例根据以下资料整理：[1] 健康迷你驿站. 品味同仁堂历史，感悟百年企业文化 [EB/OL]. 搜狐网，2019 - 01 - 15.；[2] 百度百科. 同仁堂（中药企业）[EB/OL]. 百度网，2020 - 03 - 18.；[3] 同仁堂. 集团介绍 [EB/OL]. 中国北京同仁堂（集团）有限责任公司官网，2019 - 05.（表述略有改动）

年的风雨历程中，历代同仁堂人始终恪守"炮制虽繁必不敢省人工，品味虽贵必不敢减物力"的古训，树立"修合无人见，存心有天知"的自律意识，培养了制药过程中兢兢业业、精益求精的严细精神。

1. 历史追溯

乐氏祖籍浙江宁波，明朝永乐年间迁至北京，最初以摇串铃走街串巷行医、卖小药维持生活。

其后世子孙乐显扬当了太医院吏目，1669 年（清康熙八年）创办"同仁堂药室"，以"制药一丝不苟，卖药货真价实"为宗旨，药方来自民间验方、宫廷秘方。

乐显扬之子乐凤鸣接续祖业，于 1702 年迁铺至前门大栅栏路南，总结前人制药经验，完成《乐氏世代祖传丸散膏丹下料配方》一书。明确提出了"遵肘后，辨地产，炮制虽繁必不敢省人工，品味虽贵必不敢减物力"的训条，树立"修合无人见，存心有天知"的意识。

1723 年，清朝雍正帝钦定同仁堂供奉清宫御药房。其后同仁堂独办官药 188 年，历经八代皇帝。自制名药有安宫牛黄丸、牛黄清心丸、乌鸡白凤丸等。

1954 年，同仁堂实行公私合营制，总经理为乐氏第十三代子孙乐松生。2006 年，北京同仁堂以其对于传统中医的传承和发展，被列入首批国家级非物质文化遗产名录。至今约 350 年历史的同仁堂，秉承百年老字号制药经验，被誉为中国"三大名药店"之首。

2. 金锅银铲

制造紫雪丹的古配方要求："炮制紫雪，要用金锅银铲"。对于这一苛刻的要求，当时多数商家都是睁一只眼闭一只眼，因为即使在炮制紫雪丹的过程中使用了"金锅银铲"也不会有人知道。

但同仁堂人没有忘记祖宗的家训，始终将"修合无人见，存心有天知"牢记心中。

那是在清光绪年间、庚子之乱后，同仁堂的金锅银铲被八国联军抢走，更无力再铸造金锅。

当时的女掌柜许夫人，认为当务之急便是生产用于急救的紫雪丹。为了保证药效，这一口金锅成了同仁堂上下的头等大事。就在为金锅银铲发愁之际，她发现身边的女眷们身上佩戴的金银饰品，于是想到了解决的办法。

许夫人带头拿来了自己所有的金银首饰，乐家的女眷们见状立即明白了其中的意思，都纷纷响应，摘下了耳环，褪下了手镯，取下了发簪……就这样，女眷们倾其所有，一共凑出了大约 100 余两金银首饰。

她们将这些收集上来的首饰认真清洗，全部放到了锅中与药一同煮起来，使金银元素在药中发挥作用，确保了古方紫雪丹的制药质量。

这不仅仅是一种极其认真的工作态度，更是一种制药人的精神，正是这种精神才使同仁堂的药效显著，才使得同仁堂能够蜚声海内外，才使得"同仁堂"这块金字招牌屹立 300 多年不倒。

3. 再创辉煌

截至 2018 年底，同仁堂集团拥有药品、保健食品等六大类产品 2600 余种，36 个生产基地，110 条现代化生产线，一个国家工程中心和博士后科研工作站。集团系统共有零售终端 2227 家（其中，海外 149 家）；医疗服务终端（含中医医院、诊所）561 家（其中，海外 80 家）。

近年来，同仁堂坚持改革创新，坚持"做精、做优、做强、做长"的战略目标，制定了"打造国际知名、国内领先的以中医中药为核心的健康产业集团"的发展定位。围绕主业，大力推进工业基地、商业网络及人才队伍、科技创新、信息网络平台建设。同仁堂现已形成七个二级集团（包括：股份集团、科技发展集团、国药集团、健康药业集团、商业投资集团、药材参茸集团、医养集团），两个院（研究院、教育学院），多个直属子公司的现代化、国际化中医药集团。

同仁堂在实现经济稳步发展的同时，充分发挥文化载体的作用，特别是非遗文化的保护和传承得到了海内外各界的广泛认同。同仁堂现有十项非遗项目（其中国家级三项），在各级政府的大力支持、帮助和指导下，同仁堂积极为传播和弘扬中医药文化做出贡献。

五、教学深度反思

作为教师，曾经有幸去北京同仁堂参观，亲身感悟同仁堂的企业文化，感触颇深。在教学过程中，也经常把同仁堂的历史、文化、品牌等作为案例介绍给学生。无论做企业还是做人，都应把"德"字放在首位，以仁者爱人的胸怀去关爱他人；以存心有天知的自律品质要求自己；同仁堂的企业管理不仅彰显了中国传统文化对于现代企业管理的熏陶，也告诉广大学医的青年，悬壶济世，心怀天下，有宽阔的胸怀才能成就不凡的事业。

参考文献

[1] 同仁堂：300 年的承诺 [N]. 光明网，2014 - 09 - 26：01.

案例十七　官员形象危机呈
"多元高发"态势

——内化于心才能外化于行

一、结合课程内容

公共关系主体/政府公共关系

社会组织形象/组织形象塑造的基本原则

危机公关/危机的特点

二、高阶思维引导

政府公务人员，特别是官员往往代表了政府在公众心目中的形象。政府形象是政府的整体素质、综合能力和施政业绩在国内外公众中获得的认知与评价。这种认知和评价具体反映为政府在国内外公众中的知晓度和美誉度，它既是社会公众的主观评价，又是政府客观表现的反映。当然，对于官员形象危机要一分为二地看，从绝对数量上，暴露出来的官员问题确实在增多，性质也趋于恶劣；但从相对量上，问题官员仅是极少数，是微小的"支流"[1]。要相信我们党改进作风、惩治腐败的坚强意志和坚定决心。

三、思政育人价值

大学生廉洁观教育。教育部于 2007 年发布了《关于在大中小学全面开展廉洁教育的意见》，要求全国高校全面开展大学生廉洁教育。大学生是国家的未来和希望，他们的廉洁观状况将会对我国反腐倡廉建设产生极为重要的影响[2]。我们可以通过"课程思政"的方式帮助他们树立科学的廉洁观，正确看待反腐倡廉建设中的实际问题，坚定他们对反腐倡廉建设的道路自信、理论自信和制度自信。

为人民服务价值观塑造。案例中导致官员形象危机的因素能够起到警示作用，以提升大学生的公众意识。大学生作为有知识的青年人才，是建设新社会的主力军，必须树立勤俭节约、敬业奉献的道德观，积极践行为人民服务的价值追求。

四、案例内容描述

官员形象危机呈"多元高发"态势①

2014 年 5 月发布的社科院蓝皮书《形象危机应对研究报告 2013 - 2014》称，官员形象危机呈"多元高发"态势，主要集中在五大风险领域："贪"（贪腐问题）、"渎"（失职渎职）、"色"（性丑闻、强

① 案例根据以下资料整理：[1] 深圳特区报. 官员群体面临五大形象危机 [EB/OL]. 人民网，2014 - 05 - 29. ；[2] 京华时报. 官员形象危机也是"三观"问题 [EB/OL] . 人民网，2014 - 05 - 29. ；[3] 德阳日报. "官员形象最差排行榜"是面镜子 [EB/OL] . 德阳网，2014 - 06 - 03. （表述略有改动）

奸）、"假"（包括火箭提拔、"被影响""造假造谣"等要素）、"枉"（暴力执法、遭遇暴力抗法、作风粗暴等）。

官员形象危机报告显示，当前，群众更加厌恶"贪"和"渎"的官员。在"群众对官员负面形象的厌恶排名"中，"贪"（30.7%）、"渎"（24.8%）和"假"（17.4%）位列群众对官员负面形象厌恶排名的前三位，"色"（16.6%）和"枉"（10.5%）次之。而"贪"和"渎"都属于对"公权力"的滥用，说明群众普遍认为"公权力"应合法、合理使用。

群众认为，2013 年形象最差的官员群体依次为：城管、学校领导、医院领导、村干部、警察、国企领导和民政干部。

报告指出，城管属于执法类官员，执法不当往往造成恶劣影响。在2013 年问题官员典型案例库中，"暴力执法"典型案例就有 20 起；同时，执法作为一种"管制"行为，极易引起执法相对人的差评和遭到公众的不理解。

根据该调查，群众对民政干部等服务类官员的评价明显高于城管等执法类的官员，这反映了群众"喜服务、烦管制"的倾向，偏好于官员更多地提供服务，而不是进行管制。

官员形象的社会态度调查显示，"官员形象已改观程度"平均为51.7%，表明群众普遍认为官员形象有改观；而"官员形象待改观程度"平均为73.2%，表明群众认为官员形象需进一步改善，目前仍存在较大的改观空间，力挺"从严查处"。

该调查还从群众对官员形象的偏好进行了排名。排名显示，当前群众"爱才喜惠"，更加偏好"能力本位"和"惠民导向"的官员，因此官员形象需"才德兼备"。而无论是"能力"型官员还是"惠民"型官员均属于实务型官员，说明群众最为期待的是官员专注于实事，真正让社会获益。

报告认为，当前官员形象整体上呈现"破多立少"的格局，官员形象的负面评价较多，而正面形象塑造较少。

中国行政管理学会副秘书长沈荣华指出，官员形象"立少"是当前需要关注的问题。十八大之后，各级官员开始不约而同地深入基层，走进群众，努力塑造其公众形象。然而，群众对这些做法还存在着一定程度的误解和质疑。"主要是因为一方面塑造官员形象的做法还是太少，另一方面没有真正了解群众的需求。"

官员为什么会有形象危机？报告主编，中国人民大学危机管理研究中心主任唐钧认为除了官员自身素质之外，内部制度设计和外部群众预期的偏差也是重要原因。随着民主法制的进步和信息的扁平化，公众对官员形象的评价日益重要，内外多元评价的格局已出现。

报告认为，打破官员形象"破多立少"的格局，塑造官员新形象，一是要从内部健全反腐体制机制，提升官员素质；二是要了解群众需求，了解群众真正偏好的官员形象，增加针对性，将亲民惠民行为常态化、制度化。

根据 2013 年公开报道的 2074 个典型案例整理出"风险地图"，为转型期如何提升社会综合治理能力问诊把脉。

蓝皮书《形象危机应对研究报告 2013－2014》根据 2013 年 2074 个典型案例分析称，省份形象危机可分为五大风险领域，分别是：公共安全"危"、社会秩序"乱"、生态环境"脏"、公共服务"难"、官员素质"差"。

报告对全国各省份进行了"形象危机度"的排名研究，结果显示，广东、北京、河南的总体形象危机度位列榜单三甲。

唐钧解释称，"形象危机度"指的是由于当地政府违法违规并造成恶劣后果和社会影响的"社会责任事故"在 2013 年全国 2074 个形象危机案例中所占比重，该指标展现了形象危机的严重程度。

报告显示，广东、北京、河南虽然位列前三名，但就形象危机的等级而言，其"形象危机度"分别为 8.44%、4.73%、3.91%。

唐钧称，广东、北京、河南成为"形象危机度"排名的榜单三甲，主要有三个原因。

第一，负面新闻曝光多，且属地负有社会责任。形象危机来源于内部问题，经外部传播，成为公众的负面评价和社会态度。广东、北京等地社会管理难度大，再加上广东、北京等地区媒体高度发达与活跃，导致其形象危机事件的负面新闻与报道多。

第二，社会服务管理任务重、难度大，社会治理的综合成效亟待提升。作为人口大省的广东、河南和人口大市的北京，人口流动的数量庞大，社会服务管理的难度更大，面临的形象危机风险项也更为繁杂，风险程度也相应提升。

第三，社会治理改革成效欠佳，亟待精细化、人性化。除广东、北京、河南分列前三的位置外，陕西、江苏、浙江、湖南、山东、海南、安徽的总体形象危机度分列全国各省份第四至第十位。

报告指出，虽然就全国而言，省份"形象危机度"的排名均处于低危等级，处于风险可控状态，但属地政府还需加强形象危机的防范与应对，从"善解冤""重点改""全面防"三方面入手，全面开展防控工作，尤其是"社会责任事故"。

这份报告在一定程度上从侧面反映了不同系统官员或者说干部群体在群众心目中的评价和社会形象，实质上就是一面镜子。官员的世界观、人生观和价值观决定了其行为模式，那些跌入贪、渎、色、假、枉等高危地带的官员，多数是"三观"尽毁的精神失足者。因此，除了由外而内加强制度监督，还应由内而外实施精神疗法，强化官员的精神信念，改造被权力扭曲的"三观"。内化于心，才能外化于行，官员须先正"三观"，才能重塑形象。

参加蓝皮书新闻发布会的中央机构编制管理研究会执行副会长于宁认为，这项排名的结果肯定会让部分省份感觉不舒服，但这个排名其实是"敲响了警钟"，让各地全面排查自身存在的风险，有的放矢地进行改善，为人民群众创造更好的社会环境。

五、教学深度反思

大学生们对于腐败现象和社会不正之风深恶痛绝，但偶尔又表现出对于惩治这一现象信心的不足。这一点，我们既要通过案例看到问题的严重性，也要站在整体的角度把握客观形势，结合党和政府的决心与信心，引导学生辩证分析。

对于中国共产党而言，反腐倡廉是一个具有历史延续性和现实必然性的工作，一个亲民、爱民的服务型政府离不开廉洁、奉公、守法的政府官员形象。案例也提示我们，要高度重视政府、官员的形象危机管理，在危机应对中要贯彻"群众路线"，有针对性地解决问题。

同时，我们要引导大学生树立正确的人生观、价值观、职业观、金钱观等，把自己培养成适应社会主义现代化建设德才兼备的人才。

参考文献

[1] 唐钧. 官员形象危机"风险地图"[J]. 决策，2013(01):51-53.

[2] 卜万红，王秀琳. 当代大学生的廉洁观及其培养 [J]. 廉政文化研究，2016，7 (01)：68-72.

案例十八 昆明警方微博与波士顿
警方推特的启示

——政府新媒体的舆情应对

一、结合课程内容

传播/大众媒介

危机公关/危机的特点

二、高阶思维引导

推进国家治理体系和治理能力的现代化，是党在治国方略上的重大创新，这一创新的重要背景就是以大数据、物联网、云计算等新技术为引擎的移动互联网时代的到来。在移动互联网时代，依靠传播渠道单一的传统媒体进行舆论宣传，已经无法适应社会治理创新和政府治理能力现代化的多样需求，当前，政务新媒体在推动政务公开和信息公开、创新社会治理、加强政民互动、引导社会舆论等提升政府治理能力现代化方面发挥着越来越重要的作用。因此，要实现国家治理体系和治理能力的现代化，就必须运用好政务新媒体。本案例很好地说明了政府相关部门利用新媒体进行有效传播不仅仅是一种形式，更是一种符合公众利益的沟通模式。

三、思政育人价值

大学生网络素养教育。当代大学生被喻为"互联网的原住民"，相对于其他群体，大学生和网络融合度相对较高。昆明火车站恐怖袭击事件发生后，一些微博的不当表达或不正确的观点经过微博用户的大量阅读和转发，在网络上产生了不良的影响。因此，应加强网络素养教育的引导、干预和支持，使得大学生端正自己的思想，深化对网络的认知，规范自身的网络行为[1]。

大学生反恐意识教育。近年来，国际上恐怖主义活动发生在大学校园的事件逐渐增多。大学校园作为人群较为集中、防范能力相对较弱的场所，极易成为恐怖分子的袭击目标。有研究表明：当前大学生对恐怖主义缺乏必要的认知，危机意识差，对当前恐怖主义发展特点不清楚，防范恐怖袭击知识严重匮乏[2]。应教育引导大学生增强自身的安全防范能力和素质，减少被伤害的概率，不断提高安全防范意识。

四、案例内容描述

昆明警方微博与波士顿警方 Tweets 有何不同①

2014 年 3 月 1 日晚，昆明火车站发生恐怖袭击事件，事发现场证据

---

① 案例根据以下资料整理：[1] 新华网. 昆明 3·01 严重暴恐事件系新疆分裂势力策划制造 [EB/OL]. 人民网，2014 - 03 - 02.；[2] 人民日报. 昆明"3·01"严重暴恐案告破 [EB/OL]. 人民网，2014 - 03 - 04.；[3] 天下事. 昆明警方微博与波士顿警方 Tweets 有何不同 [EB/OL]. 财新网，2014 - 03 - 03. （表述略有改动）

表明，这是一起由新疆分裂势力一手策划组织的严重暴力恐怖事件。经公安部组织云南、新疆、铁路等公安机关和其他政法力量 40 余小时的连续奋战，于 3 月 3 日下午成功破案。查明，该案是以阿不都热依木·库尔班为首的暴力恐怖团伙所为。该团伙共有八人（六男二女），现场被公安机关击毙四名、击伤抓获一名（女），其余三名已落网。

案件虽成功告破，但在此次事件的舆情控制上，依然有值得反思之处。

在这个社交媒体、自媒体无处不在的时代，尤其是像微博这样的广场性社交媒体平台，已成为重大新闻事件实时报道的平台，同样也成为政府和监管当局引导舆论、稳定公众情绪的第一利器。

由于传统媒体对于重大事件的报道通常存在滞后现象，所以当像昆明火车站这样的极端恐怖事件发生时，第一时间能够得到消息，并能够直接掌握现场局势和情况的无疑是当地的警方。而警方如何能够利用自己的优势，在第一时间向外界传达可靠的信息是一个非常值得关注的话题。

反过来说，如果警方在重大事件发生时没有充分利用好自己获取真实信息和发布权威信息的权利，那么在社交媒体上重大事件进展的信息就会被其他信息源取代。有些消息源很可能成为谣言的源头，成为社交媒体上的噪音，甚至将真实声音淹没，带给公众不必要的恐慌。

事件发生两天后，现在看来，微博作为重大事件即时信息发布的平台完全没有得到当地警方充分的利用。截至 3 月 2 日凌晨 0 点，"昆明火车站"以 16 万的搜索次数高居新浪微博热搜榜首；到 3 月 2 日凌晨 1 点，新浪微博有关此事的实时微博更新突破了 300 万条！大量的现场照片、见证者讲述以及评论出现在微博上。

然而，昆明警方官方微博在事件发生 18 小时后才发布了一条致谢

群众支持的微博。同样，云南警方的官方微博也只是在转发来自新华社
的官方新闻，如图1、图2所示。

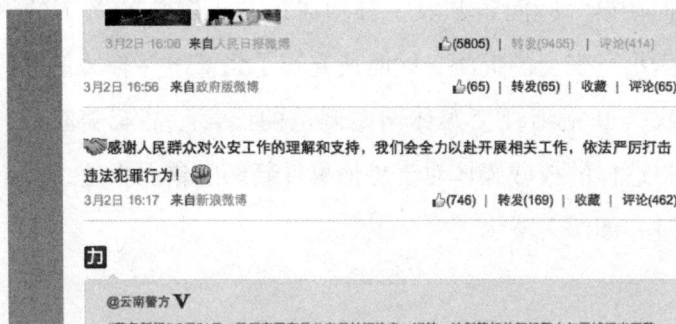

图1 2014年3月2日昆明警方官方微博

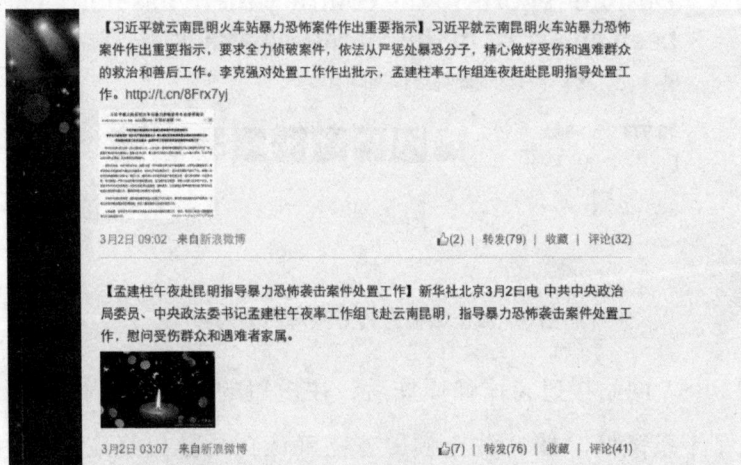

图2 2014年3月2日云南警方官方微博部分内容

处于风口浪尖的昆明警方为什么微博内容如此的平静？或许只能用
"你懂的"来解释和体谅，但这并不代表未来中国政府部门在社交媒体
的运用上不能有进步和突破。

2013年4月，大洋彼岸的波士顿马拉松赛终点处发生爆炸。但这

一恐怖事件自始至终，波士顿警方对于推特（Twitter）的运用，却得到了不少民众的好评。

警方不但在第一时间告知波士顿的居民关于爆炸的基本的重要信息，以及推送出行安全的提醒，同时还充当了恐怖事件相关信息的权威发言人，多次公开指出社交媒体网站制造的谣言。甚至美联社、CNN以及纽约时报这样的权威媒体对于恐怖事件新闻的错误报道，波士顿警方也没有放过，如图3所示。

图3　波士顿警方官方微博部分内容

据 PRSA 网站报道，炸弹爆炸后，在短短的 90 分钟内，波士顿警方推送了十条微博。如"波士顿警方已确认在马拉松终点处发生爆炸并有伤亡""波士顿警方提醒，请避免人群的大量聚集"。

从事件发生到最后捉获凶手的五天之内，波士顿警方共发出了148条微博，对于事件发生之后公布事态发展趋势，稳定民众情绪，以及最后的凶手抓捕都起到了至关重要的作用，如图4所示。

据 Mashable 网站早前报道，短短的这五天时间，波士顿警方在推特上的粉丝从原先的 54000 人猛增到了 33 万人。Fiandaca 作为波士顿警方官方推特的负责人表示，"这一切都归功于可靠即时的信息"。在这个社交媒体和自媒体大爆炸的时代，这就是可靠与即时信息的力量。

图4　波士顿警方官方宣布抓捕行动结束

　　但极端恐怖事件在日常生活中毕竟是少数，警方在执行大多数任务时，是不会选择通过像推特这样的平台做实时信息发布的。这很好理解，因为过度曝光很有可能会将执行任务的警员置于不利境地，比如暴露身份、行动地点等。通常事件发生之后，波士顿警方才会有选择性地对发生的犯罪事件在社交媒体上分享。

　　但这样一来，波士顿警方对于波士顿的民众中来说，不再仅仅是一个政府执法机构，同时也成了一个媒体机构，作为主要的权威信息来源，参与到了对犯罪事件的报道中。而马拉松恐怖事件正好给了波士顿警方一个契机展示了自媒体时代警局的双重身份。

　　另外，推特这个社交平台还提供给波士顿警方一个很好的"众募破案线索"的方式。通过推送美国联邦调查局FBI发布的关于疑犯的照片，波士顿警方的微博被转发了 26000 次，帮助了警方对恐怖分子的追捕，如图 5 所示。

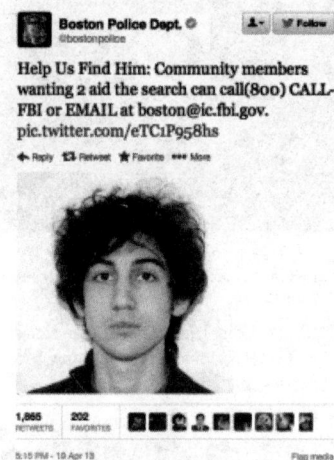

图 5 波士顿警方官方推特发布的

恐怖分子照片以协助 FBI 抓捕

在最后警方和恐怖分子激战的过程中，波士顿警方通过推送安全提醒给附近居民，以及提醒媒体切勿过度曝光追捕任务信息，对最后恐怖分子的落网起到了关键作用。

虽然国内警方对于这次昆明恐怖事件并没有积极地运用微博这类社交媒体，但是波士顿警方在马拉松恐怖事件中正确恰当使用推特的积极意义给我们带来了启发。

五、教学深度反思

在突发事件中，微博等新媒体平台已经逐渐成为舆论传播的中心，其裂变式的传播往往给党政机关在处理突发事件上带来巨大冲击，任何信息披露一旦不及时或者不恰当，就会带来被动，甚至导致事件急剧升级[3]。该事件中昆明警方的微博作为舆情应对的"一线阵地"，应该快速掌握突发事件的客观信息，应当在突发事件发生伊始就积极主动作为，充分发挥意见领袖的作用。大学生是新媒体平台的活跃人群，新媒体也是他们关注政府信息的主渠道，对政府工作也更容易产生体验与评价。因此，政府在面对突发事件时，有效运用新媒体进行及时信息发布和公众沟通，也在一定程度上体现了政府的工作水平与效率。

参考文献

［1］叶定剑. 当代大学生网络素养核心构成及教育路径探究［J］. 思想教育研究，2017（01）：97－100.

［2］王鼎. 大学生防恐意识的现状调查与分析研究——以四川省6所高校为研究对象［J］. 西昌学院学报（社会科学版），2016，28（02）：119－123.

［3］人民网舆情监测室. 指尖上的"政"能量——如何运营政务微博与微信［M］. 北京：人民日报出版社，2013.

案例十九　7·21北京特大暴雨

——官方舆论场的舆情控制

一、结合课程内容

公共关系主体/政府公共关系

公共关系传播/大众媒介、传播的模式

危机公关/危机特点、危机处理原则

二、高阶思维引导

当发生重大自然灾害，除物质损害、生命损害之外，往往还会给受害者、社会公众心理和社会精神环境带来负面的影响。因此，要建立一套以政府为主导的社会沟通体系。通过本次暴雨袭击北京时各方的反应，我们可以看到：政府主流媒体、网络媒体发挥了主导作用。政务微博作为一个社会化媒体平台，有利于加强官方舆论场与民间舆论场之间信息的及时共享、沟通和互助，而民间微博和使用微博的群体也正逐渐走向成熟。政府加强了网络时代的平民化机制，正是因为政府部门意识到公共服务的重要，意识到了公共形象塑造的重要，以及拉近与公众的距离，才能在微博上使彼此各尽其能，共同协作，才使得救助信息更加全面快速地送达救灾部门，使灾情、舆情能及时得到控制。

三、思政育人价值

大学生媒介素养教育。新媒体的发展导致舆论场域的变化，大学生作为活跃网民，容易接受和传播不确定的信息，甚至可能涉及是非曲直的问题。从这一层面上讲，他们理应学会正确地看待媒介，利用媒介，学会批判性思考，分析接受媒介信息，自觉抵制不良媒介信息，从容面对信息时代的挑战。从而学会利用媒介资源完善自我，积极参与社会发展，建构一个和谐有序的媒介生态环境，最终达到人与媒介完美结合。

大学生危机意识教育。日本危机治理科研人员伊东义高曾说过，"在危机对策中，自我救助是第一位，互助是第二位，公助是第三位"[1]。这次事件，是一场自然灾害导致的城市公共危机事件。在灾害造成的死亡人群中，相当一部分是由于缺乏躲避危险和遇险自救的基本意识，甚至是采用错误的自救或逃生方式，导致次发性灾难。因此我们要提示大学生强化全民危机意识，培养其自救和互助的能力。

四、案例内容描述

7·21 北京特大暴雨灾害舆情管理①

2012 年 7 月 21 日至 22 日 8 时左右，中国大部分地区遭遇暴雨，其

---

① 案例根据以下资料整理：[1] 百度百科. 7·21 北京特大暴雨 [EB/OL]. 百度网，2012 - 07 - 22.；[2] 朱明刚. 北京"7·21"暴雨灾害事件舆情分析 [EB/OL]. 人民网，2012 - 08 - 24.；[3] 帕伯利森观察. 公关角度看北京暴雨引发的各方反应 [EB/OL]. 帕伯利森传媒的博客，2012 - 07 - 24.（表述略有改动）

中北京及其周边地区遭遇 61 年来最强暴雨及洪涝灾害。截至 8 月 6 日，北京已有 79 人因此次暴雨死亡。根据北京市政府举行的灾情通报会的数据显示，此次暴雨造成房屋倒塌 10660 间，160.2 万人受灾，经济损失 116.4 亿元。

暴雨灾害发生后，北京新闻办、北京消防、水润京华、平安北京、交通北京与 16 区县政务微博持续不断发送雨情信息、救援详情等，合力形成官方舆论场。

1. 舆情事件概述

7 月 21 日，北京遭遇 61 年来最强暴雨，并引发房山等地区山洪和泥石流等灾害，北京此次暴雨灾害牵动着数以万计网友的心，网友自发在微博上传递救助信息，放大微博时代"正能量"。

7 月 21 日晚，北京市消防局官方微博在第一时间向在房山进行求助的网友进行反馈。该官方微博称，在接到报警之后，消防部门紧急组成 50 人的攻坚组，冒雨赶到学校救援。

7 月 22 日，北京市政府新闻办 22 时 40 分通报，截至 22 日 17 时，北京市境内共发现因暴雨死亡 37 人。

7 月 22 日，有网友反映因涉水熄火车辆被贴罚单，北京市常务副市长吉林表示，在突发灾害降临时这种处罚是错误的，所贴罚单作废。随后，北京市交管部门针对此事公布处理措施：对 22 日协管员擅自粘贴的违法告知单不予录入，对擅自贴条的当事协管员严肃处理，调离工作岗位。

7 月 23 日，微博谣传房山一家敬老院受灾，200 余名老人伤亡。房山区民政局及时核实，并通告称敬老院老人伤亡数为零，并全部处于安全地带。

7 月 23 日，北京市气象局副局长表示，由于基站数量有限，暴雨预警短信难以做到全面覆盖，手机预警信息发送尚有技术障碍。

7月24日，北京市政府新闻办主任称，在暴雨导致的死伤数字上绝不会有隐瞒，之所以现在有更新的滞后，是因为有些遗体还需要辨认。

7月25日晚，北京市政府新闻办召开第二次通报会，公布受灾人口和经济损失，但对于市民关心的因灾死亡人数发布会未做更新。

7月26日晚，北京市防汛抗旱指挥部召开新闻发布会，公布死亡人数为77人，其中66名遇难者身份已经确认。

2. 舆情关注度走势

网络舆情峰值出现在21日，随后逐渐减弱，至26日基本平息。

21日当天，随着雨量的增大，部分求助信息开始出现在微博上。网友"亘秦"发布微博消息称："山洪暴发，有上百个小学生被困北京房山青龙湖少年军校基地，110打不通。"此条求救微博短时间内被大量转载，网友开始了雨夜的爱心传递。

随后，众多娱乐圈明星加入爱心转发的队伍，黄晓明转发了一条房山一家钢铁公司30位员工被困的微博，陈妍希、舒淇等也转发了周口店地区山洪暴发的信息，窦骁也在微博发布了多条求助的信息。众位明星用自己的影响力，进一步传递微博正能量。网友"薛陈子"则一夜未眠，制作了一个小短片，汇总了天灾来临时，微博上的关爱、温暖与善良。普通网友和社会名流的共同参与，使得暴雨发生后，网友关注度在当天瞬间飙升。

从媒体关注度来看，21日当天，网络媒体充分发挥自身优势，短时间内整合新闻动态，汇编新闻。人民网、新华网等媒体以新闻稿的形式播报互动平台上的爱心救助传递，并被众多其他网络媒体所转载，有力地推进了媒体关注度的提升。同时，人民网和新华网等媒体在报道初期把新闻重点定位在爱心救助和微博正能量传递上，因此虽然媒体关注度不断攀升，却是呈现出较为正面的舆论导向。

暴雨过后，网友开始回归理性，对 61 年一遇暴雨下的北京排水系统开始质疑，同时微博上开始出现关于死亡人数的不实传言。北京市各相关部门及时回应，尤其是 26 日晚间更新死亡人数为 77 人，较好地化解了网民猜疑，使得舆论热度开始不断降温。

3. 舆情应对过程

"7·21"暴雨灾害发生后，北京市各级相关部门积极参与救援，并借助官方微博平台快速传递救援信息，在灾害发生初期赢得了网友的支持和认可。暴雨过后，网友从最初的爱心传递开始逐步变为对一些事实的质疑。面对质疑，北京市新闻办、房山区政府、市消防局、市交管局、市气象局接连回应，效果却不尽相同。

北京市政府新闻办：及时发布权威信息。灾害发生后，市政府新闻办在第一时间发布灾害相关信息，并在次日公布灾害造成的伤亡人数。随着后期的救援工作的不断开展，面对网友对死亡数字的质疑，市政府新闻办主任向网友承诺将不会隐瞒数字，这种果断表态，有利于化解网友对死亡数字的无端猜测。

北京市消防：快速救援，微博通告进展。在接到房山区求救信息后，北京消防迅速前往灾区开展救援，并通过微博一方面告知救援详情，另一方面积极与被困网友联系，把线上获取信息和线下开展救援有机结合。例如，21 日 19 时 14 分网友亘秦发布微博称有上百个小学生被困北京房山青龙湖少年军校基地，经过多条转发，北京消防 20 时 51 分发布消息因房山积水堵塞无法前行，攻坚组正徒步向被困人员方向前进。23 时 40 分北京消防在微博中表示房山军校被困的孩子和老师已脱险，已经睡下了。在此次救人事件中，官方微博在人们寻求帮助的过程中起了很大的作用，也使得救灾情况更加清晰和透明。最终在无数网民的监督下完成此次救助，这次成功救助赢得了网民认可。

房山区政府：积极辟谣，救灾微直播。房山作为此次暴雨的重灾区，有网友就传言称房山区有200位敬老院的老人死于此次灾害，对此，房山区政府快速取证调查，并在第一时间通过微博告知网友真相，有效破除了此次谣言所带来的负面影响。同时，房山区政府借助微博对灾害的救援工作进行直播，使得救援信息公开透明。

北京市交管局：快速撤销不合理罚单。在获取网友抱怨"罚单"的消息后，北京市常务副市长称这种处罚是错误的，随之，市交管局快速采取措施，撤销22日罚单，较好地挽回了民意。

北京市气象局：弄巧成拙。北京市气象局副局长称手机预警信息发送尚有技术障碍，对此中国移动和中国联通分别做出回应，称"全网发送短信没有技术障碍"，使得市气象局陷入十分被动境地，网民对此颇有微词。

北京市防汛抗旱指挥部：及时更新死亡人数。26日晚间，北京市防汛抗旱指挥部更新死亡人数为77人，已经确认身份66人，并公布受害者名单，较好地平息了民众质疑。

4. 经验教训

从舆情应对的角度来看，面对此次暴雨灾害，北京官方媒体深度介入民间舆论场，并对其进行积极引导，使得此次暴雨灾害形成的舆论总体呈现出正面态势。

首先，危机时刻，形成政府舆论场，抢占舆论引导权。北京"7·21"暴雨发生后，北京新闻办、北京消防、水润京华、平安北京、交通北京与16区县政务微博持续不断发送雨情信息、救援详情等，合力形成官方舆论场，继而影响民间舆论场，在舆论引导中占得先机。

其次，快速回应网民诉求。针对网友反映因涉水熄火车辆被贴罚单一事，北京交管局当天做出回应，撤销此罚单，迎合了民意，挽回了政府形象。各家媒体通过电台和网络播报灾情，为受困群众提供帮助或求助途径，比如转发过万的韩寒写的关于汽车驾驶和道路的经验帖。

再次，发现谣言，及时辟谣。23 日，微博传言房山有 200 名敬老院老人死于暴雨。对此，房山区政府积极调查，公布事实真相，有力回应网友，使得谣言在短时间内消亡。

同时，在此事件的应对中，北京市气象局则犯了不应有的错误，不敢坦承错误，希望"以技术障碍"为由推卸责任，却遭遇中国移动和中国联通强有力回应，成为网民的笑柄。随着民间舆论场日益强大，民间监督的不断加强，政府应敢于向公众自我"揭短"，勇于承认工作中的不足，并在公众的督促下不断完善和提高，唯有如此才能拉近与公众的距离。

五、教学深度反思

积极利用新媒体是现代政府对危机处理的共识，这也是公共关系传播面临的新形势。新媒体实现了传播的数字化、网络化和即时的互动化，这决定了新媒体在突发事件的危机信息传播中具有无可替代的优越性。但同时也隐藏着舆论碎片化的风险，赞同、反对、对立的观点可能同时存在，政府应建立有效的沟通渠道，加强舆论引导。

另一方面，在处理突发事件中，政府必须处理好灾难救援和信息发布两个问题，其中事件的处理是舆论引导的基础，信息发布是舆论引导的方式。在北京暴雨灾情处理中，政府部门通过各种渠道实现了及时预警、灾难救援、灾后救助和问责等一系列的规定动作，政府应对突发事件的危机管理能力明显增强[2]。

参考文献

[1] 淳于淼泠. 日本政府危机管理的演变 [J]. 当代亚太，2004 (07)：54 – 58.

[2] 赵振宇，魏猛. 在突发事件中不断提高舆论引导能力——以北京"7·21"特大自然灾害事件为例 [J]. 新闻与写作，2012 (08)：25 – 27.

案例二十　滴滴的危机公关

　　——公关还是公关部，究竟是该谁背锅？

一、结合课程内容

　　公共关系主体/组织内设部门 专业公关公司

　　危机公关/危机的处理原则

二、高阶思维引导

　　企业公关和公关部是不是一回事？我们所说的危机公关做得好不好，是企业行为，还是公关部的行为？公关是企业管理的重要组成部分，公关部是执行这部分管理职能的部门。危机公关是企业在价值观驱动下采取的符合公众利益的管理行为和传播行为，很显然是企业行为，是管理层行为，是企业价值观主导，管理流程驱动的行为。公关部的责任是在危机公关整体过程中，保证对内对外沟通关键信息准确传递，传播渠道保持畅通，保证不因沟通表达不当引发新的公众质疑。我们既要搞清楚企业公关与公关部的联系与区别，同时要树立全员公关意识，只有将公共关系的思维植入到组织管理的全过程，才能实现建立和维护企业的声誉的目标。

三、思政育人价值

提高自我保护意识。移动互联网不但催生了新媒体，也催生了滴滴这样的共享经济。大学生是共享经济的主要消费群，要引导大学生提高自我保护意识，特别是女大学生，注意生命安全，减少悲剧发生。

树立正确的社会责任意识。社会并不是无数个独立个体的集合，而是一个相辅相成不可分割的整体。切不可因为事不关己而漠不关心，冷漠、回避、消极只会让风险离自己越来越近。作为新时代的大学生，有义务对其他人给予伦理关怀，也有责任发出倡议和呼吁，促进社会和谐文明。

四、案例内容描述

滴滴的危机公关，究竟该谁背锅？①

2018 年 5 月 5 日晚上，一名空姐从昆明飞到郑州，在郑州航空港区通过滴滴叫了一辆车赶往市里，结果惨遭司机杀害。

2018 年 8 月 24 日，浙江省乐清市一名 20 岁女孩乘坐滴滴顺风车后

---

① 案例根据以下资料整理：［1］百度百科．5·6 郑州空姐打车遇害案［EB/OL］．百度网，2018－05－12.；［2］百度百科．滴滴乐清事件［EB/OL］．百度网，2018－08－25.；［3］慧眼识人才．滴滴的危机公关失败，究竟该谁背锅？［EB/OL］．搜狐网，2018－09－12.；［4］界面．滴滴有问题的是企业公关还是公关部？［EB/OL］．新浪网，2018－08－26.（表述略有改动）

失联。8月25日上午，滴滴司机犯罪嫌疑人在乐清一处山上落网。到案后，其交代了对该女孩实施强奸，并将其杀害的犯罪事实。

滴滴顺风车在不到四个月时间里，两次卷入顺风车司机杀害年轻女性事件。

滴滴再次站上舆论的风口浪尖。公众惋惜已逝的生命，更谴责滴滴公司的不负责任。舆论持续发酵，民愤难以平息，滴滴公司面临公关危机。滴滴公关部究竟做了什么引得如此民愤？

1. 第一时间甩锅

悲剧发生后，在滴滴公司的道歉声明中，第一段就提道："滴滴公司只是一个平台"。在后面的叙述中，更是传递出这样的信息：滴滴作为中间商，掌握司机与消费者双方的信息，对信息的披露肯定会谨慎负责。如果消费者要求提供司机信息，公司一定要认真核实。声明听起来言之有理，细究却根本是在甩锅：没有及时向顾客提供相关司机的信息，是事出有因的，耽误破案主要责任不在我们。

2. 套路多真诚少

乐清顺风车事件后，滴滴公司关于空姐事件的道歉微博被删除。事出反常必有妖，于是热心网友将两个事件的道歉声明进行对比，"万分悲痛""自责""愧疚""辜负了信任""负有不可推卸的责任"开头、结尾和关键词几乎一模一样，仿佛是一个模板写出来的。公式化声明套路多了，道歉的真诚就显现不出来了，如图6、图7所示。

对于乐清顺风车乘客遇害的道歉和声明

对于乐清顺风车乘客赵女士遇害一事，我们感到万分悲痛。在顺风车整改期间发生这样的悲剧，我们深感自责与愧疚。作为平台，我们辜负了大家的信任，负有不可推卸的责任。

在得知此事的第一时间，滴滴内部成立了安全专项组，密切配合警方开展案件调查工作，提供了乘客和车主的行驶轨迹，协助警方14小时内快速破案。同时我们也对赵女士家属进行了探望，并正妥善处理后续事宜。目前，嫌疑人钟某已被乐清警方抓获。经核实，钟某此前背景审查未发现犯罪记录，是用其真实的身份证、驾驶证和行驶证信息（含车牌号）在顺风车平台注册并通过审核，在接单前通过了平台的人脸识别，但案发车牌系钟某线下临时伪造。

让我们万分自责的是，在该车主作案的前一天，有另一名顺风车乘客投诉其"多次要求乘客坐到前排，开到偏僻的地方，下车后司机继续跟随了一段距离"，我们的客服承诺两小时回复但并未做到，也没有及时针对这一投诉进行调查处置，无论什么原因，我们都负有不可推卸的责任。

我们也想就"为什么没有第一时间将车主信息提供给家属"的问题做一点释疑。由于平台每天会接到大量他人询问乘客或车主的个人信息的客服电话，而我们无法短时间内核实来电人身份的真实性，也无法确认用户本人是否愿意平台将相关信息给到他人。所以我们无法将乘客和车主任何一方的个人信息给到警方之外的人，希望能获得公众的谅解。我们在接到赵女士亲属电话反馈后建议尽快报警，并在接到警方依法调证的需求后及时提交了相关信息。

再次向乘客家人以及公众道歉。我们会继续积极配合警方，同时全力做好家属后续善后工作。我们承诺，无论法律上平台是否有责，以及应当承担多少责任，未来平台上发生的所有刑事案件，滴滴都将参照法律规定的人身伤害赔偿标准给予3倍的补偿。

针对该起事件中滴滴内部责任的自查自纠进展，我们也将及时向公众公布，谢谢大家。

滴滴出行
2018年8月25日

图6 滴滴出行对乐清顺风车乘客遇害的道歉和声明

对郑州顺风车乘客遇害感到万分悲痛和愧疚

对于郑州顺风车乘客李女士遇害一事，我们感到万分悲痛和愧疚，在这样的悲剧面前，任何言语都无法表达我们沉痛的自责。我们真诚地和李女士的家人道歉，作为平台我们辜负了用户的信任，在这件事情上，我们负有不可推卸的责任。

滴滴已经成立了专项工作组，密切配合警方开展案件侦查工作，目前案件正在侦破过程中。请李女士的家人以及公众放心，滴滴将尽最大努力协助警方尽快破案，将凶手绳之以法，还李女士和家人一个公道。

再次向乘客家人以及公众道歉。我们会全力做好后续工作，同时全面彻查各项业务，避免类似事件的发生。

2018年5月10日
滴滴出行

图7 滴滴出行对郑州顺风车乘客遇害的声明

3. 信息公布暴露疑点

乐清事件后，滴滴发布声明称"案发时车牌系钟某线下伪造"，而后在警方询问中，嫌犯供述"未更换过牌照"，这就啪啪打了滴滴公司的脸。微博下全是网友的声讨，公众对滴滴提供信息的真实性产生质疑，公司却至今尚未对此做出回应，可能这是真的"做贼心虚"吧。

乐清事件发生后，滴滴连续两天发出的道歉声明。第一份是公式化的道歉，第二份说明自查处理结果：下线顺风车业务，升级客服系统，免除相关部门领导职务……条理清楚，有章有节，单从公关文稿来说，是合格的。不过这样的处理结果，似乎没有达到预期效果。

在两起事件的处理上，滴滴公关部的确犯下了错误，但不能当"背锅侠"。因为危机公关不是一个部门的行为，而是整个企业的行为。公关部的处理代表了企业的态度，企业的文化与价值观亦反映在公关部门的危机处理中。

我们可以对比另外两个案例。

2018年2月24日，饿了吗外卖骑手撞死上海急诊医学泰斗，瑞金医院与华山医院急诊科创始人之一李谋秋老先生，其公关处理方式也颇有争议。但我们若仅仅将饿了么公司在送餐员撞死医学泰斗之后的声明与滴滴出行的声明进行对比，孰高孰低一眼便知，如图8所示。饿了么公司的致歉声明中，真诚的态度和深刻的自省是最基本的，且包含了事件说明、自身错误分析、相关行动措施和态度表达，让公众看到了这个公司的担当。公司管理层更是承诺亲自处理道歉事宜，防止了事态的进一步扩大。公众骂声减小，与管理层的实际行动密不可分。

致李谋秋老先生家属的道歉信

对于外卖骑手撞伤李谋秋老先生、并最终导致老先生逝世的不幸事件，我们深感悲痛和歉疚！

在与李老先生家属沟通过程中，饿了么物流供应商杭州焦众企业管理咨询有限公司相关人员存在不当行为，对此我们谨致歉意！饿了么将根据平台管理规定，对该供应商以及公司内部相关部门进行严肃处罚。该供应商此前一直未将事件向物流管理部门及时通报，加上公司内部信息沟通不够到位，导致饿了么管理团队未能及时致歉，也未充分善后，我们深感自责！目前，公司负责人正与李老先生的子女联系，希望得到上门致歉慰问的允许；在判决结果宣布前，我们将持续跟进家属的相关需求。

该案件已进入司法程序，由上海市徐汇区法院审理。饿了么将责成杭州焦众企业管理咨询有限公司，依据判决结果，及时进行赔偿。

在庭审中，杭州焦众企业管理咨询有限公司代表未将手机静音，代理律师只讲法理、不近人情，态度和言语上给李老先生的家属造成了情感伤害，饿了么作为平台方，难辞其咎。我们诚恳道歉，并将引以为戒。

餐饮外卖为消费者带来了便捷生活，但同时产生的问题也不可回避，我们一定将继续加大力度解决骑手的交通安全问题。目前，饿了么已在全国多地与交警联合开展骑手培训，建立一人一车一证一码制度，并派遣线下交通督导，将交通违章纳入骑手绩效考核。我们将力求让安全成为习惯，让悲剧不再发生。

愿逝者安息。

饿了么
2018年8月16日

e 饿了么

图8　饿了吗关于送餐员撞死医学泰斗之后的声明

2018 年 8 月 10 日，潘石屹在 SOHO 中国房源租赁竞拍活动上回应最近房地产死人事故时表示，死了人的企业要反思，在反思会上发着礼物说说笑笑的，很不严肃。他还说，倘若自己公司的项目死了人，项目经理和品质经理必须引咎辞职。

对当事人的惩戒是最直接最震撼的整改措施。这是组织的行为，是企业的行为，是源自价值观的管理行为。当然，这样不意味着公关部就不承担责任。

2018年9月1日，交通部发出一篇文章，点名回应滴滴事件。文章称，致歉虽姗姗来迟，但仍感一丝欣慰。迟到的道歉，指的可不是公关部的例行道歉文稿，而是管理层在8月28日发出的郑重道歉。这份道歉，态度还算诚恳，也反思了两次事件暴露出的问题，终于在关键时刻挽回了一点公众信任。

由此可见，处理危机时，洋洋洒洒的公关文稿是基本功，管理层对其中关键问题的认知，才显示出一个企业的真实水平。企业只有反思自省，找到危机的根源，才是做好危机公关的关键。而决定管理层是否有这个觉悟的，正是企业的价值观。

当代企业中，公关与管理密不可分，公关活动是企业在价值观驱动下，对自身形象的管理和维护。在正确价值观的指导下，当企业在面临危机带来的不良影响时，管理层可以自查自省，勇于承担责任。这些实际行动比公关文稿的叠加更有说服力，更有利于重新赢回公众的信任。

五、教学深度反思

危机公关，我们谈的是公关，不是公关部。四个月内滴滴顺风车出现两次司机杀人事件，是企业价值观和管理的问题，是大公关的问题。滴滴在整个事件过程的公关措施给人以无力感，如果一个企业内部都不能清晰地认知公共关系的主体、职能、分工等基本的要素，那么必然带来危机公关的失败。

当然，滴滴这次事件本身的性质并非简单的公关事件，而是运营执行系统存在着严重安全隐患[1]。滴滴事件给我们每一个企业敲响了警钟，任何企业的管理不能流于表面，或空谈整改，解决问题需要缜密的思考与完整的机制与流程，才不会使相似的悲剧重复发生。

参考文献

[1] 陆亦琦. 滴滴：并非公关事件 [J]. 销售与市场（管理版），2018（11）：22－23.

案例二十一　丰田卢沟桥广告事件

—— 广告策划要尊重受众的价值观

一、结合课程内容

公共关系课题/顾客公众

公共关系专项活动/公关广告

危机公关/危机管理

二、高阶思维引导

中国与日本近现代关系很容易触及青年学生敏感神经。由于该事件的发生在 17 年前，大学生们没有亲身经历这件事，但案例的呈现依然能够很好地激发当代青年的爱国情怀，历史的代入感有助于我们进一步了解他们对此类问题的态度、观点、情绪反应等。

跨国企业公关需要文化接洽。即使"石狮敬礼"是纯商业行为，但同样因为无知触犯了消费者，跨国公司在圈占市场的过程中如何"入乡随俗"是一个难题。一个品牌的传播环境，本身就理所应当要包括对于政治环境的维护[1]。广告不仅仅是为了宣传产品或组织形象，广告也是反映社会状况的一种文化产品，是对社会文化价值观的认同。人们从产品和广告中希望得到的已经不仅仅是信息和功能，更希望有某种情感上的立场表达。所以，广告需要传递正向的价值观，获取更多的共鸣与关注。这是摆在当前各类社会组织面前的现实问题。

　　与欧美企业相比，同属于亚洲的日本企业在文化和思维方式上更趋近于中国人，这也是日本企业在中国几十年来长盛不衰的原因。也正源于此，当年"车到山前必有路，有路必有丰田车"的广告才那般脍炙人口。然而，在日本汽车大举进军中国市场的序曲里，却传出这样不和谐的音符，让消费者难以接受。从丰田快速的反应和公开致歉来看，也许此次事件的确不是丰田有意为之，但至少可以证明丰田对中国市场的无知。搁置民族情绪的争议，为什么是丰田而不是其他的外资巨头遭遇这样的尴尬，也许决策话语权是一个核心的原因，而由此引发的思考是令人玩味的。因此，跨国公司如何掌握公关传播的话语权，是一个具体的管理技术问题。

三、思政育人价值

　　帮助学生铭记历史，理性爱国。卢沟桥事变是日本帝国主义为实现其鲸吞中国的野心而蓄意制造出来的，标志着其全面侵华的开始。对于这段历史，中华儿女永远不能忘！公众对于丰田公司广告事件的态度，反映在客观历史背景下中国消费者的共同心理特征。公众对此次事件理应提出抗议，要求道歉，但这并不意味着简单粗暴地抵制日货。教学中可以通过该案例来激发大学生对于该历史事件的研究兴趣，引导大学生理性爱国。

树立正确的广告价值观。如前文所述，广告是公关活动中不可或缺的手段之一，在今天的市场环境下，广告不仅仅是为了宣传产品或组织形象，广告也是反映社会状况的一种文化产品，是对社会文化价值观的认同。公众从产品和广告中希望得到的已经不仅仅是信息和功能，更希望有某种情感上的立场表达。所以，广告需要传递正向的价值观，获取更多的共鸣与关注。我们认为，无论是国内企业还是外资企业，只要在中国市场投放的，就应该遵循社会主义核心价值观，传播社会正能量，才能更好地树立产品和企业形象。

建立跨国文化传播思维。当代大学生应该具有全球视野，公共关系本身就具有时代性、国际化的特征。不同文化之间存在巨大的差异，所以潜在的文化矛盾和文化冲突也随时可能爆发。忽视文化差异性的存在而简单地任其自然发展，或者粗暴地强力排除差异，要么会使跨文化传播无法进行，要么会导致灾难的发生。只有尊重文化差异，共同寻找跨文化传播的良好模式才符合不同文化群体的共同利益[2]。

四、案例内容描述

丰田卢沟桥广告事件①

卢沟桥在北京市西南约 15 公里处，丰台区永定河上，因横跨卢沟河（即永定河）而得名。出生于 20 世纪 80 年代的青年人，小时候都学

---

① 案例根据以下资料整理：[1] 茅以升. 语文八年级上册 中国石拱桥 [M] . 2 版. 人民教育出版社，2017. ；[2] 新浪汽车. 丰田"霸道广告事件"的前前后后 [EB/OL] . 新浪网，2003 - 12 - 10；[3] 汽车有文化. 石狮向霸道敬礼"丰田霸道"汽车广告风波始末 [EB/OL] . 搜狐网，2017 - 02 - 08；[4] 骞来. 丰田的"霸道门"广告事件 [EB/OL] . 渠道网，2010 - 12 - 22.（表述略有改动）

过一篇课文《卢沟桥的狮子》。北京有句歇后语："卢沟桥的狮子——数不清。"这座被老百姓称为狮子多得数不清的桥，建于 1189 年。这是一座联拱石桥，总长约 266 米，有 281 根望柱，每个柱子上都雕着狮子。卢沟桥的狮子大小不一，形态各异，真是很难数清楚。但是据文物工作者统计，最终是 501 只。整个桥身都是石体结构，关键部位均有银锭铁榫连接，桥身结构坚固，造型美观，具有极高的桥梁工程技术和艺术水平，充分体现了古代劳动人民的聪明才智和桥梁建造的辉煌成就。

1937 年 7 月 7 日，日本帝国主义在此发动全面侵华战争，宛平城的中国驻军奋起抵抗，史称"卢沟桥事变"，亦称"七七事变"，中国抗日军队在卢沟桥打响了全面抗战的第一枪。侵华日军的铁蹄打破了这里美好的宁静，抗日英烈们的血迹染红了桥梁，这是中华民族永远不能忘却的屈辱历史。

然而，卢沟桥的狮子却记得，17 年前丰田的两则广告再度挑起这个敏感的话题。

丰田霸道辱华广告事件始末。2003 年年底，从 11 月下旬开始，在全国范围内的 19 家杂志和 11 家报纸上出现了两则平面广告，在网络上引起不小的波澜。一则广告为刊登在《汽车之友》第 12 期杂志上的"丰田霸道"广告：一辆霸道汽车停在两只石狮子之前，一只石狮子抬起右爪做敬礼状，另一只石狮子向下俯首，背景为高楼大厦，配图广告语为"霸道，你不得不尊敬"。另一则广告为"丰田陆地巡洋舰"广告：该汽车在雪山高原上以钢索拖拉一辆绿色国产大卡车，拍摄地址在可可西里。这一则广告被认为是诋毁"东风"卡车的质量不行，反响还不是很激烈。

广告刊登后，很多公众表示不适，引起了民愤。很多网友认为，石狮子有象征中国的意味，"丰田霸道"广告却让它们向一辆日本品牌的汽车"敬礼"和"鞠躬"。"考虑到卢沟桥、石狮子、抗日三者之间的关系，更加让人愤恨"。对于拖拽卡车的"丰田陆地巡洋舰"广告，很多人则认为，广告图中的卡车系"国产东风汽车，绿色的东风卡车与我国的军车非常相像。"为此，众多网友在新浪汽车频道、tom 以及 xcar 等专业网站发表言论，认为丰田公司的两则广告侮辱了中国人的感情，伤害了中国人的自尊。

从"车到山前必有路，有路必有丰田车"，到此次广告危机，一向自诩最了解中国市场的丰田汽车在全速扩张的起点上摔了一个大跟头。该事件虽然没有阻挡丰田在中国市场的推进，而问题的核心是，这样的尴尬为什么会出现在丰田身上。而作为广告终审的一汽丰田汽车销售有限公司无疑成为矛盾的焦点。

2003 年 12 月 4 日晚，丰田汽车中国事务所紧急召集北京的媒体开了一个简短的座谈会。虽然丰田事务所的工作人员强调这不是一个正式的新闻发布会，但从出席的人员来看，正式程度超过以往的发布会，很少露面的丰田汽车中国总代表服部悦雄和一汽丰田汽车销售有限公司全班高层管理人员全部就列。

一汽丰田汽车销售有限公司总经理古谷俊男代表丰田汽车做了正式的致歉讲话，古谷说："对最近中国国产陆地巡洋舰和霸道的两则广告给读者带来的不愉快情绪表示诚挚的歉意。这两则广告均属纯粹的商品广告，毫无他意。丰田汽车公司已停止这两则广告的投放，丰田汽车公司今后将一如既往地努力为中国消费者提供最满意的商品和服务，也希望继续得到中国消费者的支持。"

古谷俊男说，他在丰田工作的 27 年中，公司从没有发生过这样的事情："刚刚听说广告的事，我仿佛后脑勺上挨了一闷棍，事情发生的太突然了，完全没有准备，我现在的压力很大。这完全是我们工作不周造成的，非常对不起。"

古谷解释说，丰田希望给消费者留下一个雄伟有气势的深刻印象，觉得用石狮来表现的广告方案较好一些，当时并没有想到有什么不妥。而"中国军车"的说法，古谷说只是设计了一个虚拟的车，并不是具体指中国国产汽车，更不可能指军用汽车。

谈及霸道、陆地巡洋舰两则广告的出笼，古谷说，这两则广告只是一汽丰田和盛世长城两个公司决定的，事先并没有征求丰田汽车中国事务所的意见。"我们以前每则广告都要征求丰田事务所的意见，但这次把这道程序给落掉了，这是我们的失误，为此，服部代表把我们大加训斥。"

古谷介绍，两则广告的创意其实都是中国人设计的，陆地巡洋舰广告上的绿色卡车也不是真的图片，而是手绘上去的。他还介绍，在推出中国产巡洋舰和霸道两款汽车前，丰田采取的是招标方式，向包括盛世长城在内的五家广告商征集创意。"大家最终选择由盛世长城做出具体的广告策划，广告表现内容也是经过了一汽丰田的确认。"

对于此次广告事件，消费者呈现出两种观点。一种认为这是丰田汽车有意为之，一位姓刘的消费者说："这个事件一炒作，比一千次广告都有影响。"另一种观点认为，丰田汽车公司太无知，事件本身只是商业行为，"近一段时间以来，类似触动中国人情绪的事件已经不止一起，丰田的广告无疑火上浇油。但言及丰田是有意为之，可能说不通。"一位业内人士说，"从丰田在中国的战略来看，丰田的目标是占据中国市场10%的份额，这是一个长远的规划，而目前丰田在中国的推进才刚刚开始，包括霸道和陆地巡洋舰在内，产能都很小，在这个时候，丰田没有必要用这样低劣的公关手段来换取短期的知名度。"

五、教学深度反思

　　该案例是一个典型的企业危机案例，当年，新组建的一汽丰田汽车销售公司应对的第一件事不是渠道布局或者市场促销，而是广告危机。但从丰田公司的态度及应对来看，危机管理基本上是成功的。因此，教学中，可以将此事件作为一个危机管理的具体分析案例，分析、讨论丰田公司面对危机的措施是否得当，有哪些可以更加完善的地方。

　　丰田类似的事件不单单在中国发生过。2001 年，美国丰田汽车销售公司为推广 RAV4 多功能运动车也发布了类似一个惹麻烦的广告。广告的画面是一个黑人张开嘴唇的特写，白色的牙齿熠熠闪光，在一颗上牙齿上印有一辆金色的 RAV4 的汽车模型。当时美国著名的黑人民权领袖杰西·杰克逊就此专门召开记者招待会，指控丰田公司使用了含有种族歧视的广告，并宣扬要发起一场抵制运动。如果从公关广告的角度运用案例，可以结合丰田公司类似的事件，分析其中的共性，企业在广告策划中存在哪些问题，是纯粹的设计缺陷？还是公关管理问题？

　　顾客对于企业的意义不仅仅是衣食父母，还能够帮助企业建立正确的经营理念。我们认为，当时丰田公司拟在中国推出一款新品牌的SUV，却没有授权重要的人参与决策，这就是能够代表中国公众的中国管理团队。一汽丰田汽车销售有限公司的广告代理商也是日本企业。广告公司构思了一系列的广告，展示这款新型 SUV 如何"征服"中国大地，广告隐约地带有某种军事意象。无论是广告公司客户团队的决策者，还是日本汽车制造商这边的人员，都没有充分意识到中国对日本产品"征服"中国这件事有多么的敏感。结果，该系列广告宣传一铺开，便在中国各地激起民愤。最后，企业不仅被迫撤下所有广告，还不得不对品牌进行重新定位。可以看出，组织没有充分重视和了解中国消费者，也没有授权给最了解目标受众的人。

参考文献

［1］龙腾飞．苦涩的隐喻——论跨文化广告中的民族主义［D］．四川大学，2007.

［2］刘彦汝．跨文化传播语境下自群体文化认同缺失研究——由"丰田汽车广告"事件谈起［D］．上海：复旦大学，2008.

案例二十二　华为的公关反击

——中国企业面对国际单边主义、保护主义的挑战

一、结合课程内容

公共关系概述/概念与内涵

公共关系传播/传播要素与模式。

公共关系类型/进攻型公关

二、高阶思维引导

公共关系的内涵明确了公共关系不仅仅是组织的一项管理职能，更是企业长远的管理战略。案例中，华为创始人/CEO 亲自参与，公关部负责实施，技术部门做好"备胎"……华为事件提供了一个宏大的背景，也恰恰说明华为是有公共关系战略和谋略的企业。在这样的危机状态下，跟谁沟通，以谁的名义，沟通内容，沟通渠道，沟通时间，都是危机管理团队需要考虑和决定的[1]；对中国政府和公众讲什么，对美国讲什么，用怎样的语气，华为的选择和尺度都拿捏得非常准确。面对

危机，华为临危不乱，接受采访、公告声明、举办会议、内部邮件等多种方式与中国政府、美国政府、国内外媒体、内部员工进行有效、精准沟通，以此来树立和维护组织良好形象。随着时间推移，华为对美国的态度，从一开始的低调稳健，到逐步进入攻击。

三、思政育人价值

增强大学生民族荣誉感。面对此次危机，华为在第一时间发表声明，言辞坚定，振奋人心，鼓舞着每一个中华儿女，这是体现民族荣誉感的时刻。而且，华为的"科技自立"也激励了我们每一个中国人，每一名大学生，中华儿女当自强，自力更生才能掌握自己的命运。

培养国际政治的判断把握能力。当今世界，多边主义和全球化是时代潮流，但也面临着单边主义和保护主义的挑战。公关人应该具备怎样的视野、素质、能力，包括内外沟通的能力，我们的大学生可以把自己放在华为公关的位置上想想，更加清晰自己成长的方向，并为之努力。

四、案例内容描述

华为的公关反击①

随着我国科技技术的不断进步，中国品牌的发展也是值得我们国人

---

① 案例根据以下资料整理：［1］百度百科. 孟晚舟事件［EB/OL］. 百度网, 2020 -
01 - 20.；［2］财经每日速递. 带你详细了解华为的公关反击［EB/OL］. 搜狐网,
2019 - 02 - 27.；［3］中国广告网资讯. 美国全球打压 华为品牌公关漂亮反击!
［EB/OL］. 搜狐网, 2019 - 10 - 31.；［4］咨讯. 华为海思总裁何庭波致全体员工
的信 原文公开［EB/OL］. 新科网, 2019 - 5 - 17.（表述略有改动）

骄傲和自豪的，其中最具代表性的就是华为。但是，树大招风的道理同样适用于品牌界，华为在通信设备行业的异军突起却招致国外某些国家"围剿"。

2018年8月23日，澳大利亚政府以"国家安全担忧"为由，禁止中国公司华为和中兴为其规划中的5G移动网络供应设备。11月27日，新西兰以"网络安全风险"为由，对华为下达了禁令。12月1日，华为CFO孟晚舟在温哥华转机时，被无端拘扣。12月10日，日本以"作为美国的盟友，要和美国统一步调"为由，决定将华为技术和中兴通讯两家公司的产品排除出政府采购清单。

此后，华为一系列公关开始行动、延续和升级，简单梳理如下。

2018年12月6日华为官方微博发布声明："近期，我们公司CFO孟晚舟女士在加拿大转机时，被加拿大当局代表美国政府暂时扣留，美国正在寻求对孟晚舟女士的引渡，面临纽约东区未指名的指控。关于具体指控提供给华为的信息非常少，华为并不知晓孟女士有任何不当行为。公司相信，加拿大和美国的法律体系会最终给出公正的结论。华为遵守业务所在国的所有适用法律法规，包括联合国、美国和欧盟适用的出口管制和制裁法律法规。"

2018年12月11日，针对加拿大法院裁决批准孟晚舟保释，华为发表声明"相信加拿大和美国的法律体系后续会给出公正的结论"。

2018年12月18日，华为副董事长兼轮值CEO胡厚崑召开媒体圆桌会。纽约时报、华尔街日报、美联社、法新社、彭博社等14家国际媒体参加。传递的核心信息是："华为2018年总收入将首次超过1000亿美元；华为已经获得25个5G商用合同，在全球位居第一；网络安全是全球全行业问题，需要大家共同面对。"

2018年12月25日，华为董事长梁华举办针对中国媒体的群访，谈到了华为 5G 业务，以及在德国、法国、日本等地的业务，如何处理东西方价值观冲突等，也用"强化核心信息"方式回避了"华为为什么终端不分开上市"的问题。

2019 年 1 月 11 日，波兰以间谍罪抓捕华为波兰公司一名高管。华为第一时间发布了简短声明："我们获悉了相关信息，正在进一步了解情况，对此暂时没有更多评论。华为公司一直遵守业务所在国的所有适用法律法规，合规经营，并要求所有员工遵守所在国法律法规。"

2019 年 1 月 12 日晚发表声明与该员工中止雇佣关系，指出"该事件对华为的全球声誉造成了不良影响"。

2019 年 1 月 17 日，华为创始人任正非接受央视面对面专访和中国媒体群访。他说："首先感谢党和国家，对一个公民权利的保护，对她的领事保护，让她获得人性化的管理。我们能做的还是要靠法律的力量。"

2019 年 1 月 24 日，华为 5G 发布会暨 2019 世界移动大会预沟通会在北京举行，BBC 称这是一次"公关危机"下的"一场令人眩目的发布会"，"在会议现场，看不到任何迹象显示这些公司受到的压力"。

2019 年 2 月 14 日，华为三位轮值董事长之一徐直军接受六家英国媒体专访，针对美国国务卿蓬佩奥警告东欧国家不要使用华为设备时说："蓬佩奥先生的言论进一步表明这是美国政府对华为发起的有组织、有策划的一次地缘政治行动，是用一个国家机器针对我们这样一个弱小的、连芝麻都不如的企业。"

2019 年 2 月 18 日，英国广播公司 BBC 播放了对华为创始人任正非的电视专访。中文网站的标题是"华为创始人任正非：美国不可能扼杀掉我们"。BBC 的报道说，任正非称"它（美国）不可能扼杀掉我们，因为我们比较先进。我认为即使他们说服了更多的国家暂时不用我们，我们也可以收缩，变小一点嘛。"

"第二个由于美国不断地质疑我们，挑剔我们，就逼我们把产品和服务做得更好。"他用了中国式的表达："东方不亮西方亮，黑了北方还有南方啊。美国不代表全世界，美国只代表一部分人。"

2019年3月，华为在深圳总部发布会上向外界透露，美国政府涉嫌攻击华为的服务器，窃取邮件和源代码。稍早前，华为在深圳总部发布重要声明：决定起诉美国政府。

2019年5月16日，美国为了绞杀华为，美国总统特朗普签署了一项总统令，表示将给予美国商务部更大的权力去禁止美国企业使用华为，并称华为是"威胁美国国家安全的公司设备"，毫无根据地诋毁中国品牌。

对此，华为子公司海思总裁何庭波于5月17日凌晨发布内部邮件，称多年前为应对美国的先进芯片和技术不可获得的问题，海思员工日夜兼程为公司的生存打造"备胎"。如今，美国做出如此疯狂的举动，是时候将曾经的"备胎"转"正"了，我们可以实现"科技自立"，不得不说这切切实实的给美国一个响亮的反击。

以下为华为海思总裁何庭波致内部邮件全文如图9所示。

我们很少有机会看到如此密集展开，高潮迭起的公关大戏，在中国公共关系史上，应该没有哪个企业，像几个月以来的华为这样面临如此巨大、复杂的公关危机。这也是中国企业发起的一场前所未有的跨国界、跨行业、跨媒体的立体公关战役，其中的战略决策和实施细节，有太多可圈可点之处。

时间: 2019-05-17 02:14:38
主 题: 【海思总裁致员工的一封信】

海思总裁致员工的一封信

尊敬的海思全体同事们:

此刻,估计您已得知华为被列入美国商务部工业和安全局(BIS)的实体名单(entity list)。

多年前,还是云淡风轻的季节,公司做出了极限生存的假设,预计有一天,所有美国的先进芯片和技术将不可获得,而华为仍将持续为客户服务。为了这个以为永远不会发生的假设,数千海思儿女,走上了科技史上最为悲壮的长征,为公司的生存打造"备胎"。数千个日夜中,我们星夜兼程,艰苦前行。华为的产品领域是如此广阔,所用技术与器件是如此多元,面对数以千计的科技难题,我们无数次失败过,困惑过,但是从来没有放弃过。

后来的年头里,当我们逐步走出迷茫,看到希望,又难免一丝丝失落和不甘,担心许多芯片永远不会被启用,成为一直压在保密柜里面的备胎。

今天,命运的年轮转到这个极限而黑暗的时刻,超级大国毫不留情地中断全球合作的技术与产业体系,做出了最疯狂的决定,在毫无依据的条件下,把华为公司放入了实体名单。

今天,是历史的选择,所有我们曾经打造的备胎,一夜之间全部转"正"!多年心血,在一夜之间兑现为公司对于客户持续服务的承诺。是的,这些努力,已经连成一片,挽狂澜于既倒,确保了公司大部分产品的战略安全,大部分产品的连续供应!今天,这个至暗的日子,是每一位海思的平凡儿女成为时代英雄的日子!

华为立志,将数字世界带给每个人、每个家庭、每个组织,构建万物互联的智能世界。今后,为实现这一理想,我们不仅要保持开放创新,更要实现科技自立!今后的路,不会有再有另一个十年来打造备胎然后再换胎了,缓冲区已经消失,每一个新产品一出生,将必须同步"科技自立"的方案。

前路更为艰辛,我们将以勇气、智慧和毅力,在极限施压中挺直脊梁,奋力前行!滔天巨浪方显英雄本色,艰难困苦铸造诺亚方舟!

何庭波
2019年5月17日凌晨

图 9 海思总裁致员工的一封信

五、教学深度反思

该案例是一个社会热点事件,媒体议程设置持续时间长,公众关注度高,具有很强的时代特征,与过去企业常见的危机公关有很大的区别。很多学生也是华为的忠实用户,案例能够激发他们的民族情怀。但更需要从公共关系专业的角度呈现、分析、讨论,汲取华为的优秀管理经验。

首先,企业核心人物在公关中的作用。在危机和不确定时刻与客户和员工沟通是企业核心任务，而企业的创始人或者精神领袖在沟通过程中的作用难以被取代。华为的公关部在危机中说服任正非出来讲话，能够起到定海神针的作用。当然，公关部门要为领导出来讲话选好时机，准备好主要观点、事实和可能被问到的敏感问题的回答。

其次，学会把握公关的节奏。华为从一开始就意识到此次危机非同企业一般危机，政治气息浓厚，对手狡猾复杂，形势变化莫测。华为采取的是一场持久战心态，公关反击有礼有节，有收有放，守中带攻，攻中有守，以理性的战略眼光应对这场国际政治和全球商业的博弈。

再次，确定和传播关键信息。如何针对美国的盟国确定关键信息，也是公关战的重要因素。12月1日事件以后确定的关键信息，我们看到的是如下这些：

- 华为在业务所在国守法经营。
- 相信法律，在法律的层面解决问题。
- 通过中国特定媒体（央视）表达对党和国家的感谢。
- 在国际场合强调华为作为商业机构的独立性。
- 用合同量和产品发布强调华为在5G领域的全球领先地位。
- 强调对客户、供应商的承诺。
- 与相关国家政府和监管机构合作解决网络安全问题。
- 华为作为中国技术领军企业对中国基础教育、产业振兴的观点。

可以看出，华为的公关正是把握住了政府、员工、目标客户的诉求和情感，关键信息传递准确。在国际场合强调守法经营，以理回应，表示华为的明确立场和独立性，彰显领先技术，重申对消费者和供应商的承诺；在国内场合表示对国家和民众的感谢，以情动人，金句不断，注重细节，鼓舞人心[2]。

参考文献

[1] 李国威. 华为公关的反击 [J]. 公关世界, 2019 (05): 68 - 71.

[2] 杨晶晶, 焦振铎. 基于形象修复理论的华为危机公关话语修辞分析——以美国打压华为系列事件为例 [J]. 新闻研究导刊, 2019, 10 (19): 23 - 24, 78.

案例二十三　上海迪士尼翻包事件

——人性化规则永远是第一位的

一、结合课程内容

公共关系客体/顾客公众

组织形象塑造/组织形象的基本要素

危机公关/危机管理

二、高阶思维引导

按照公共关系的常识，危机事件发生后，真诚沟通永远是不变的原则。特别是在与公众交流沟通的过程中坚持要坦诚不敷衍，要合作不对抗。但迪士尼的态度总结下来就是一句话"我道歉，但是我不改"，瞬间拉开了与公众之间的距离。从顾客关系的角度，上海迪士尼理应以更谦恭姿态面对消费者。事件发生后，公司只是通过网络发表声明，无关的事情说了一大堆，字面上表明"聆听各方建议，不断学习改善"，但是具体措施一项没有，且文中表述"不希望就这一未决诉讼进行公开评论和回应"，明显是避重就轻、王顾左右，不想承担责任。

此次事件最大的影响就是对上海迪士尼组织形象的破坏，使其美誉度下降。由于迪士尼在全球的影响力和历史底蕴的积累，重塑组织形象也并非难事，关键在于上海迪士尼要自我反省，坦诚面对错误。服务改进方面可以通过主动调整政策，扩大出售食品的种类和范围，扩大消费者的选择空间；也可以通过价格策略，制定符合公众认知的定价；抑或在检查环节通过机器设备减少人工操作，增加友好型外延服务，赢得更多消费者理解。此外，组织形象也应考虑其社会性，企业需要回馈投资者、提升股东投资价值没错，但企业同样具有社会性，要善待消费者、劳动者和其他利益相关者，做受人尊重的、有核心竞争力的企业。

三、思政育人价值

学会维护个人合法权益。这一事件因大学生运用法律手段维权而引起社会关注，对大学生遭遇同类事件有一定的启发意义。对于大学生原告来说，善于从生活中发现问题，利用专业知识解决问题，不畏"权势"，勇敢维权，勇气可嘉，倒逼企业规范经营，纠偏不合理条款，维护了消费者尊严，是一次专业理论与实践相结合的绝好机会。相信此案会给当事人乃至社会带来良好影响，让那些普通老百姓看到利用法律武器维护合法权益的成功示范[1]。这也是作为当代青年推动社会法治、文明进步，践行社会主义核心价值观的重要表现。

人性永远是第一位的。无论组织提供何种产品，何种服务，制定何种规则，展现人性是最高境界。景区要从消费者角度出发，对游客随身携带的饮食，本着合情合理合法的原则妥善处理；另一方面，要保证游客在游玩时的基本需求，饮食上应提供必要的品种、价格相对合理的食物以供选择。为何东京、巴黎、美国的迪士尼在相似的问题上能够有人性化做法，而上海迪士尼却不以追求更好地尊重消费者权益，回应消费者诉求，寻求更好的共赢之道，做有温度的游乐园为出发点，着实让人遗憾。世界三大迪士尼度假区入园规则（部分）如表1所示。

表1　世界三大迪士尼度假区的人性化规则

	人性化规则
东京迪士尼度假区	在检票前的安检环节，工作人员会提醒自带盒饭的游客不能在园区内食用，需放在包内不能拿出或存放到储物柜中，如需食用则必须去往园区外特设的"野餐区域"； 安检人员基本以手触包体外侧以及目测包内物品为主；
巴黎迪士尼度假区	游乐园禁止任何需要特殊存储设施的集体餐被带入园中，如冷冻餐盒、体积较大的食品包装等，但并未对个人携带的简易食品（如小包装三明治等）有明文禁止； 园区安检采用半人工检查，对游客自带食物的检查并不严格；
美国迪士尼度假区	允许游客们携带零食、饮料以及不需加热的食品入园，三明治等小型食品均可带入园区；

注：资料来自迪士尼乐园入园须知

双标是地区歧视的表现。随着中国经济的快速发展以及在全球市场地位的提升，中国公众在消费权益上受到歧视的事件近年来逐渐减少。上海迪士尼以食品安全、园区环境卫生等理由，在一定程度上限制自带饮食可以理解，但如果在服务标准的制定源头就与其他迪士尼乐园存在明显"双标"行为，规则的合理性有待商榷。禁止游客自带食物，又不向游客供应平价食物，这显然有要求游客被动接受捆绑消费之嫌，是一种不正当的商业行为，理应受到抵制。

四、案例内容描述

上海迪士尼翻包事件①

迪士尼乐园由华特·迪士尼（Walt Disney）创办，于1955年7月

---

① 案例根据以下资料整理：[1] 百度百科．上海迪士尼［EB/OL］．百度网，2016 - 06 - 16.；[2] 人民日报．四问上海迪士尼：翻包、"双标"、凭什么？［EB/OL］．人民网，2019 - 08 - 13.；[3] 舆情频道．上海迪士尼，如何更好地保障消费者权益［EB/OL］．人民网，2019 - 08 - 16.；[4] 国际频道．国外迪士尼让不让带食品入园？［EB/OL］．人民网，2019 - 08 - 14.（表述略有改动）

开园，立刻成为世界上最具知名度和人气的主题公园。截至目前，全世界开设六个度假区，分别是美国的加州迪士尼乐园度假区和奥兰多华特迪士尼世界度假区，日本大东京迪士尼乐园度假区，法国的巴黎迪士尼乐园度假区，中国的香港迪士尼乐园度假区和上海迪士尼度假区。

上海迪士尼度假区是中国内地首座迪士尼主题乐园，位于上海市浦东新区川沙新镇，于 2016 年 6 月 16 日正式开园。作为全球最知名和最具人气的主题公园，上海迪士尼刚一开园，就凭借其新颖的设计、进口的品牌和超强的知名度，吸引了大量中国游客。自此以后，上海迪士尼在人流络绎不绝，收入可观的同时，也带来了很多问题。2017 年年底，上海迪士尼宣布：因"游客混乱、乱丢垃圾"等情况，园区不得不禁止游客外带食品、饮料进入，并开始实施对游客进行翻包检查的决定。

2019 年年初，上海华东政法大学四名学生在迪士尼入园时遭到翻包，其中一位王某深感不公平、不合法，在 3 月 5 日一纸诉状将上海迪士尼告上法庭。2019 年 8 月，多家媒体暗访上海迪士尼，大量翻包视频在网上曝光，一时间掀起轩然大波。

针对这种愈演愈烈的情况，上海浦东新区消保委员会曾尝试调解，但上海迪士尼表示不接受调解，不会就禁带食物、翻包检查等规定做更改。上海迪士尼回应称，"有关乐园的食品政策的诉讼引起了很多讨论，我们不希望就这一未决诉讼进行公开评论和回应，但上海迪士尼度假区充分尊重并积极配合包括调解在内的各项法律程序。"这则消息无疑再次引爆了舆论，虽然第二天迪士尼方面就发布公告澄清，但是其不清不楚的表述方式，仍然没有得到大多数人的认可。以至于人民网发文四问上海迪士尼——双标？欧美能带亚洲不能带？强制翻包如何保障游客隐私？外带食品影响园区卫生，园内商店不影响？消费者的权益谁来保障？

以下为人民网于 2019 年 08 月 13 日发布的原文。

四问上海迪士尼：翻包、"双标"，凭什么？

近日，因禁止游客携带食品入园且要翻包检查，上海迪士尼乐园（以下简称"上海迪士尼"）被一位法学专业的大学生告上法庭。上海迪士尼回应：外带食品与饮料的规定，与中国大部分主题乐园以及迪士尼在亚洲的其他目的地一致。

经查，美国和法国的三家迪士尼乐园并没有禁止消费者携带食物进园的规定。凭什么欧美地区可以带食物，亚洲就不让带？上海迪士尼禁带食物的强制性规定是否侵犯游客权益？翻包检查的行为合法吗？为此，人民网记者到上海迪士尼实地探访，并采访了游客、中国消费者协会以及相关专家、律师等。

一问：凭什么搞"双标"，欧美带得亚洲就带不得？

近日，"上海迪士尼禁止自带饮食被告"一举登上微博热搜榜。

迪士尼在全球有六大园区。据媒体报道，欧美迪士尼并无禁带食物的相关规定。上海迪士尼开园之初也没有对自带食物有严格规定。2017年 11 月 15 日，上海迪士尼才新增规定："不得携带以下物品入园，食品；酒精饮料；超过 600 毫升的非酒精饮料……"

2019 年年初，上海华东政法大学大三的学生小王携带零食进入上海迪士尼时被园方工作人员翻包检查，并加以阻拦。小王认为园方制定的规则不合法，导致自己的合法权益受到侵犯，将上海迪士尼告上了法庭。

去年，迪士尼还因为儿童门票优惠政策搞"双标"，被家长刘某告上了法庭。事情起因是刚满 10 岁的女儿到上海迪士尼乐园游玩，却因为身高超过规定标准被要求补买门票。刘某认为，按照身高标准收取门票费用不合理，而且迪士尼在其他五家乐园采取儿童年龄为标准制定门票优惠政策，在上海乐园则采取身高标准，这是典型的"双标"模式，属于歧视性政策。

"这不是赤裸裸的歧视吗？"有网友表示。小王的指导律师、上海市志君律师事务所律师袁丽也在接受媒体采访时指出，迪士尼乐园的"双标"做法，涉嫌对亚洲地区的歧视。

中国消费者协会专家委员会专家邱宝昌律师接受人民网记者采访时表示："上海迪士尼引用的所谓国际惯例只是引用了对这企业有利的，而对消费者有利的没了！选择性的引用，这并不是国际惯例。"

北京紫乾律师事务所文体法律部主任危羿霖认为，上海迪士尼关于禁带食物的规定，就是单方限制消费者权利的霸王条款。我国《消费者权益保护法》明确规定："消费者享有自主选择商品或者服务的权利"。

二问：凭什么强制翻包，游客隐私权如何保障？

13日上午，人民网记者在上海迪士尼实地探访发现，游客被强制翻包检查的现象依然存在。

记者点击进入上海迪士尼官网上的"行前须知"，并没有看到任何关于禁止携带食品的说明提示。官网首页最下方乐园须知中确实有相关禁带食物的提示。在手机购票时，在页面的最后才看到相关提醒。

记者在距离安检约50米的售货亭背面，发现一块公示牌，绕过售货亭，能看到不能携带入园物品的具体规定。如果是迎面走来或者离开，很难注意到该公示牌。

入园第一道关卡是检查随身携带的物品，每个安检台都配备了一至三名工作人员，游客依次将包包和物品放在检查台上接受检查。入园前，记者的包内放有一个面包，一块巧克力，半瓶矿泉水，工作人员单独将面包捡出，要求吃掉再行入园。

因随身携带了一大袋包括寿司、面包等食物，一家四口只能站在安检边上，狼吞虎咽吃掉尽可能多的食物。父亲一边吃一边叹息说，第一次来乐园，并不知道禁带食物的规定。刚在地铁口买的食物就这么扔掉，太浪费了。

"你们凭什么翻我包，这侵犯我个人隐私权。"因携带了好几袋面包无法进入下一个安检环节，一名游客表示强烈不满。工作人员只是机械回复：这是我们的规定，请配合。另一名同行游客拍摄下该画面，被工作人员盯住并反复强调侵犯了他的肖像权，要求游客打开拍摄画面，并删除相关内容。

游客张先生告诉记者："我认为是对亚洲人的歧视，因为在欧美是不翻包的。"

危羿霖认为，经营者是没有权利去对游客做翻包检查的。根据我国《侵权责任法》相关的规定，这是一种侵权行为。

邱宝昌认为，"上海迪士尼为了防止自带食物而对游客翻包检查的做法涉嫌侵害了消费者的人格尊严和个人隐私权。"什么情况下可以搜？"如果怀疑消费者包里有其他东西，首先可以报警，让警察依职权来搜；第二，可以安检。安检是一种扫描，但不是搜查，不是把包打开。而上海迪斯尼是把游客的包打开，一件一件地看。"

我国《消费者权益保护法》第二十七条规定："经营者不得对消费者进行侮辱、诽谤，不得搜查消费者的身体及其携带的物品，不得侵犯消费者的人身自由。"

三问：禁带食物是为园区卫生？园区出售的饮食就没气味？

4月23日，上海华东政法大学学生小王诉上海迪士尼案开庭审理。据媒体报道，在法庭上，被告辩称消费者可能会携带气味特殊或有安全隐患的食品入园，并且随意丢弃垃圾。该条款是基于维护园内公共卫生安全而必须订立的条款。

对此，邱宝昌认为，针对园区卫生，迪士尼可以多设置垃圾桶，对游客进行引导等，不能因为游客增加了乐园的保洁负担，就把条件强加在游客身上。

有网友指出，"迪士尼坚持这个做法，恐怕不是所谓的卫生担忧，而是谋求利益最大化。因为卫生担忧根本不值一驳，迪士尼自己也卖饮食，一样会产生垃圾"；"之所以不这么做，最好的解释是，在园内卖高价饮食挣钱更多。"

记者入园后发现，基本每隔几米就有销售食品饮料的餐车及店铺，一瓶矿泉水标价10元，一瓶可乐20元，一支冰激淋40元，爆米花35元一盒。

在园区餐厅，不少游客正在用餐，一个面包售价25元到35元不等、一个蝴蝶酥30元、一份三明治套餐80元到85元一份、慕斯蛋糕58元到108元不等。

"园区内餐饮是比较贵的，消费者应该有选择是否要在园区内部进行消费的权利。"中国消费者协会法律与理论研究部主任陈剑向人民网记者表示，上海迪士尼作为中国内地唯一一家迪士尼乐园，利用了其在中国的特殊地位对消费者进行了限制。陈剑认为，企业自主经营权不能建立在剥夺消费者权利、限制公众利益的基础上来进行。制定格式条款时，要考虑经营者和消费者双方利益的切分点到底落在哪儿才能公平合理，是否能符合社会对于公平合理的普遍认知。"明示的规定并不等于合理，若明示的内容影响了公共利益，显然不合法。不能因为经营者的私利要求消费者让渡相应的权利。"

对于消费者质疑上海迪士尼园区餐食定价偏高的问题，中国消费者协会副秘书长兼新闻发言人董祝礼认为，企业经营者有自主定价的权利，但经营者的自主权是有条件的。"有两个维度需要考量。第一，定价和它的成本比例是否合理，是否有暴利成分？第二，自主定价是否影响到了公平公正的市场秩序。"

四问：谁来纠正迪士尼的"双标"行为？谁来保障消费者权益？

上海迪士尼"禁止游客携带食品入园且要翻包检查"一事发酵数日，消费者呼吁相关监管部门调查回应。

13日下午，记者登录上海市市场监督管理局，按其投诉举报板块提示拨打021-12315热线。接线人员表示已记录了情况，说七个工作日之内处理。

针对消费者维权，有律师建议，由于经营者损害众多不特定消费者，不仅仅是小王一个人，可由相关的消费者保护组织发起公益诉讼。

危羿霖表示，2014年2月，最高人民法院明确认定"禁止自带酒水、包间设置最低消费"这样的条款是无效的。希望上海迪士尼被诉案能够推动相关权威部门确认"禁止外带食品与饮料的规定"此类条款的无效。

危羿霖指出，具体的监管细节，比如安保检查，基本上各个地区针对这种公众场所的活动，都有出台相应的监管规定。但是，在实施细则上，对于这种霸王条款或一些不合理的规定，行政处罚责任还有待进一步明确。

迪士尼乐园是否存在"双标"？我们可以通过全球六座迪士尼官方的入园须知进行比较。全球六座迪士尼官方入园须知上均标明，游客入园需要配合安全检查。但在两个关键问题上存在明显的双重标准，一是儿童票规则除上海迪士尼是以身高为购票标准，其他五座乐园均以年龄为依据；二是食用禁令，上海迪士尼禁令最为严格。游客配合游乐园工作无可厚非，但反观上海迪士尼强制翻包，涉嫌侵犯隐私的行为，引发诸多不满。上海迪士尼与其他五座迪士尼入园规则比较如表2所示。

表2 世界坐迪士尼入园规则比较

	上海迪士尼度假区	香港迪士尼度假区	东京迪士尼度假区	巴黎迪士尼度假区	洛杉机迪士尼度假区	奥兰多迪士尼度假区
单日票价（成人）：	¥399	约合¥576	约合¥498	约合¥691	¥735－¥1054不等	¥771－¥884不等
儿童票规则：	超过1.4米儿童购买成人票	3岁（不含）以下免票；3岁-11岁购买儿童票	4岁（不含）以下儿童免票；4岁-11岁购买儿童票；12岁到17岁可以买学生票；	3岁（不含）以下免票；3岁-11岁购买儿童票	以年龄为标准；3至9岁可以购买儿童票	以年龄为标准；3至9岁可以购买儿童票
食用禁令：	食物 酒精饮品 超600毫升非酒精饮料	食物 酒精饮品	食物 酒精饮品	酒精饮品	大麻及其制品	大麻及其制品

注：资料来自迪士尼乐园入园须知

上海迪士尼乐园此次暴露出来的问题，值得业界深思。相关企业在尊重消费者合法权益上，不容触碰底线。有温度的管理，方能赢得更高的口碑，行稳致远。

五、教学深度反思

该事件的社会影响度较大，持续关注时间长，公众互动性较强，大学生对此类事件有一定的体验度，案例的参与性较好，可以从以下几个方面展开讨论。

跨国企业的水土不服。全球化的时代，使得不同文化在某些特殊场合不断发生变化，除了文化对立和文化趋同之外，文化间还存在文化混融的状态，即由于某种需要使得不同的文化以动态的方式进行相互学习，共同发展[2]。肯德基中国餐厅可以做米饭，肯德基印度餐厅可以做咖喱，迪士尼就这么任性？跨国企业最重要的是"刚柔并进"，所谓

"刚"，就是一定要遵守这个国家的法律法规，在中国境内经营，就必须遵守中国的法律。所谓"柔"，就要充分了解这个国家的历史文化和风土人情，即使上海迪士尼做出禁止游客将食物带入园内的规定，固然有为了维护园内环境的目的，但却不符合中国游客的消费习惯和饮食文化。

态度是解决危机的前提。上海迪士尼在这起事件中表现出的态度令广大消费者感到十分惊讶。在此之前，上海迪士尼单方面规定的禁带食物、翻包检查等做法一直饱受诟病，但上海迪士尼方面一直对消费者的批评置若罔闻。此次有消费者诉诸法律，当地消保委也先行介入进行调解，但令人遗憾的是，上海迪士尼却在裁决做出之前拒绝整改，仿佛有了法律的底气，态度极其强硬。从公共关系的角度而言，我们并不关心官司本身的输赢，在公共关系一百多年的历史上，赢了官司，输了市场的案例还少吗？

正确处理经济效益与市场形象的关系。此次矛盾爆发之后，也有舆论认为，上海迪士尼只是一个商业单位，如果消费者认为它做出的决定损害了自己的利益，可以放弃到这里消费，这种说法也有道理，但并不完全符合上海迪士尼的实际情况。上海迪士尼所提供的产品虽不是民生刚需，消费者的确可以自主做出选择。但是，就目前而言，上海只有一家迪士尼，中国大陆地区也只有一家迪士尼，不具备同类产品的竞争性，它对游客，特别是少年儿童又有强大的吸引力，这使它具有一定的市场垄断性，如果因为一家独大而傲视市场，消费者在无可奈何的情况下只能被动接受有损自己利益的要求。或许对于迪士尼而言，经济效益依然不会受影响，但对迪士尼市场形象会带来损害。

参考文献

［1］斯涵涵. 大学生诉迪士尼案胜诉的示范意义［N］. 遵义日报，2019 - 09 - 16：004.

［2］ Pieterse，N. J. Globalization&Culture——Global Mélange（ Second Edition）［M］. Lanham：Rowman&Littlefield Pub - lishers，2009：15 - 20.

案例二十四　上海进博会的融合创新传播

—— 向世界传递中国开放的信心和决心

一、结合课程内容

公共关系主体/政府公共关系

公共关系传播/传播模式

二、高阶思维引导

"互利共赢，合作共享"是全球化的大势所趋。当前全球范围内出现了一股逆全球化的潮流，较为典型的一个特征即是单边主义、保护主义的抬头，而作为新兴政治、经济力量的中国如何应对这种潮流，将采取什么样的姿态自然成为全世界关注的焦点。进博会作为一个窗口彰显了中国开放的信心和决心，也显示了中国开放的力度。让更多外国企业了解中国市场，有利于中国更深入地融入全球经济一体化中，同时进口更多符合中国需要的高质量产品，促进国内产业升级[1]。中国政府用实际行动证明中国兼济天下的责任担当，为各国提供更多市场机遇、投资机遇、增长机遇，本身就是对经济全球化的坚定支持，是对多边主义和国际合作的有力捍卫。

主流媒体应掌握国际传播的话语权。当前，国际上理性客观看待中国的人越来越多，为中国点赞的人也越来越多。这是主流媒体的历史机遇，要把握国际传播领域移动化、社交化、可视化的趋势，在构建对外传播话语体系上下功夫，在乐于接受和易于理解上下功夫，让更多国外受众听得懂、听得进、听得明白，不断提升对外传播效果，形成同我国综合国力相适应的国际话语权。

三、思政育人价值

青年学生应理解国家的基本方略。党的十九大报告明确指出改革开放仍然是发展中国特色社会主义的基本方略之一——"只有改革开放才能发展中国、发展社会主义、发展马克思主义"。"推动形成全面开放新格局，中国开放的大门不会关闭，只会越开越大"。进博会是为践行人类命运共同体搭建的国际商贸平台，进博会不仅是中国的，更是世界的，是中国推动新一轮高水平开放的务实举措，更是各个国家顺应经济全球化时代潮流的"大合唱"。只有开放，才能使不同的国家相互受益、共同繁荣、持久发展。各国经济的融合是大势所趋，应当以开放来求发展，共建开放合作、开放创新、开放共享的世界经济[2]。

自觉履行公民义务，传递中国声音。广大媒体在进博会的报道中切实践行了习近平"加快推动媒体融合发展，构建全媒体传播格局"的重要讲话精神，充分发挥舆论的导向作用、旗帜作用、引领作用。我们要引导大学生们深刻领会习近平这一重要讲话精神的内涵，自觉履行公民义务，提高媒介素养，推动媒体融合朝着正确方向发展。

四、案例内容描述

上海进博会的融合创新传播①

2019 年 11 月 5 日至 10 日，第二届中国国际进口博览会（The 2nd China International Import Expo）在中国上海国家会展中心举行。国家主席习近平出席在上海举办的第二届中国国际进口博览会暨虹桥国际经济论坛开幕式及相关活动，并发表主旨演讲。

2017 年 5 月 14 日，国家主席习近平在首届"一带一路"国际合作高峰论坛宣布，中国将从 2018 年起举办中国国际进口博览会。中国国际进口博览会，简称"进博会"，是由中华人民共和国商务部和上海市人民政府主办的大型博览会，并于 2018 年在上海成功举办第一届。第二届进博会延续"新时代，共享未来"的主题，交易采购成果按一年计，累计意向成交 711.3 亿美元，比第一届增长 23%；为期三天的供需对接会上，来自 103 个国家和地区的约 1367 家参展商、3258 家采购商进行了多轮"一对一"洽谈，达成成交意向 2160 项。为期六天累计进场超过 91 万人次，吸引 181 个国家、地区和国际组织，3800 多家企业共襄盛举，绘出一幅中国与世界深度交融、互利共赢的生动图景。

特殊的时代背景，凸显进博会的重大意义，展现新时代中国深化改

① 案例根据以下资料整理：［1］百度百科. 中国国际进口博览会［EB/OL］. 百度网，2019 - 11 - 10.；［2］佘博睿. 广电媒体这样"打卡"进博会［EB/OL］. 传媒头条网，2019 - 11 - 10.；［3］新华社评论员. 携手合作大道，谱写开放新篇——写在第二届中国国际进口博览会圆满闭幕之际［EB/OL］. 新华网，2019 - 11 - 11.；［4］综合消息. 增强世界与中国共同发展的信心——国际社会高度评价中国成功举办第二届进博会［EB/OL］. 新华网，2019 - 11 - 10.（表述略有改动）

革、扩大开放的坚定决心。着眼于破解世界经济发展面临的难题，习近平主席在第二届进博会开幕式主旨演讲中把握时代潮流，提出推动建设开放型世界经济的三点倡议，宣示中国扩大开放的五方面举措，引发与会者的广泛共鸣和赞誉。中国政府坚定支持贸易自由化和经济全球化，主动向世界开放市场的重大举措，有利于促进世界各国加强经贸交流合作，促进全球贸易和世界经济增长，推动开放型世界经济发展。

进博会不仅是经贸合作的舞台，也是思想智慧的盛宴、文明交流的桥梁。围绕进博会，如何推进媒体融合，说好进博会的故事，中国媒体交出了一份满意的答卷。我们来看"传媒头条"网发布的一篇广电时评。

广电媒体这样"打卡"进博会

第二届进博会期间，广电媒体以新技术为引领，融合创新传播手段进行报道，成为进博会中的一道靓丽风景线。

2019年11月5日，第二届中国国际进口博览会（以下简称：进博会）开幕，世界目光再次聚焦上海。来自150多个国家和地区的3000多家参展企业与约50家专业采购商聚集于此共襄盛会。

在来自世界各地的新产品、新技术、新服务纷纷亮相进博会同时，中央广播电视总台等媒体也以新技术为引领，融合创新传播手段，全方位多视角地带领观众"打卡"进博会，成为场馆内外另一道靓丽的风景线。

多屏呈现，全方位进入"进博"时间

进博会期间，全国广播电视媒体积极开设专栏专题，多角度全方位报道进博会盛况，展现中国与世界深度交融、共赢发展的美丽画卷。

这当中有专业节目与解读。如央视新闻频道推出《客从海上来》

《穿梭巴士看进博》特别节目，通过现场直播、嘉宾访谈等方式，从上海传统风貌到科技创新再到生态治理，展现上海方方面面的发展变化，并以专业视角深入解读了首届进博会一年来的溢出效应和为世界带来的积极影响。

东方卫视、上海电视台新闻综合频道推出总时长 14.5 小时的"新时代，共享未来——第二届中国国际进口博览会直播特别报道"，并在进博会期间邀请来自社科、贸易、学术界的多位专家围绕习近平主席在开幕式上的主旨演讲的重大意义、重大论断、重要主张等进行深入解读和阐释。此外，湖南、浙江、广东、湖北等省级卫视新闻频道也都相应推出了各有特色的进博会报道。

还有"接地气"的体验。进博会期间，中央广播电视总台推出的《近看进博会》《进博新品汇》等节目，通过记者近距离感受进博会的风采与魅力，为观众深度展现进博会新技术、新产品。上海广播电视台则派出 18 路记者深入进博会七大展区，通过"万物相联""巅峰制造""味蕾绽放""极致生活""健康管家"和"迷你地球"六个篇章，带领观众纵览进博会的精彩。

也有国际化的视野。CGTN 新媒体推出《印象"进博"》《上海等你来》等节目，邀请多方人士探讨中国与东盟、欧盟、非洲、美洲的贸易进程，以及进博会取得的丰硕成果。上海外语频道 ICS 和 Shanghai-Eye、Facebook、Twitter 等全媒体矩阵对 CGTN "第二届中国国际进口博览会开幕式直播"进行了海外同步转播，并有多名海外记者从美国、英国、法国、德国等地进行连线。

5G +4K/8K，提速"进博"讯息传播

本届进博会新闻中心设立在国家会展中心（上海）A0 办公楼，总面积约 13500 平方米。新闻中心内分别设有咨询服务区、媒体公共工作

区、媒体专用工作区、广播电视技术服务区、采访室、新闻发布厅、媒体餐饮休闲服务区等多个功能区域，铺设超过1200个网络信息端口，每个端口提供单机1G的上网带宽，帮助国内外主要媒体记者及时了解进博会资讯，向世界传播进博会的最新动态。

据介绍，包括新闻中心在内，本届进博会整个展馆已经实现5G网络全覆盖。展馆内共设有10个可用于现场直播报道的单边光缆传输点，可将高清、稳定的现场采访信号与后方搭建实时传输，并用于网络推流或卫星传送等方式进行直播报道。

同时，中央广播电视总台此次在进博会共搭建5个高清演播室，总面积2180平方米供各频道频率和新媒体使用；启用2辆4K/8K超高清转播车、7辆卫星车，400多名技术人员参与直播保障；采用全4K转播系统超高清直播，并在现场进行了8K直播设备探索测试。

为呈现好家门口的盛会，上海广播电视台融媒体中心在进博会4个场馆与1个室外区域同时完成了5G直播，并在科技生活馆的记者体验环节中，将直播连线与VR传输技术结合，使用VR全景相机呈现场馆全貌，还运用多项技术精彩呈现了演播室主持人与大屏中图文互动和大屏内外虚拟AR结合联动的"黑科技"。

矩阵式传播，提升"进博"声量

4K+5G，不仅为各主流媒体的现场报道提供硬件支持，同时也为提升融媒体全方位播报效率提供了助力。中央广播电视总台集合了10个电视频道、13套对内广播频率、44个语种平台，央视新闻新媒体、央视网、央广网、国际在线等各路优势资源，对进博会进行全景式、立体化的融合式报道。

上海广播电视台融媒体中心将直播分发至今日头条、爱奇艺、新浪新闻、网易新闻、腾讯新闻、百度、微博、一点资讯、凤凰新闻、快手等平台，并在新浪新闻、凤凰新闻、一点资讯、趣头条、UC 等平台上进行了专题和单条内容推荐。

看看新闻的微博、微信、抖音、YouTube、Facebook、Instagram 等社交平台账号也及时发布各类进博会短视频。值得一提的是，在电视、新媒体节目以外，广播同样是今年"进博时间"的重要传播力量，为大会报道增添了不小的"音量"。

其中，中央广播电视总台央广中国之声推出特别直播节目《进博会新发现》详细解读了中国对外开放、扩大进口的重大意义；上海新闻广播、东广新闻台长三角之声携手对进博会开幕式进行了语音转播；大湾区之声《湾区，早晨》《湾区速递》《湾区在线》节目和香港之声《十分新闻》推出的《你好，进博会》等也用"文字报道＋录音报道"的方式，带领听众直击进博"第一现场"。

此外，全国 31 家省市级广播电台联合上海阿基米德 FM 共同建立了进博会"打卡联盟"，尝试突破广播的地域性限制，利用"聚合＋分发"方式进行协同传播。其中，陕西广播电视台、黑龙江广播电视台、江苏新闻广播、安徽之声、云南新闻广播等媒体都参与到进博会现场，扩大了进博会的"声量"。

可见，整个进博会期间，各路媒体形成强大、立体、持续的宣传声势，形成了全方位、多层次、多声部的主流舆论矩阵。国内主流媒体结合自身优势和特点，推出一批有特色的专题专栏，媒体新格局的精彩报道，第一时间传递中国声音，展示中国对外开放的决心。中国向世界敞开大门，与世界分享共同发展的机遇，向大众绘出一幅中国与世界高速接轨、互利共荣的生动图景。

会议闭幕后，多国政界、企业界人士和国际组织官员对中国成功举办本届进博会予以高度评价，认为进博会为各国提供了独特的展示和交流平台，中国扩大开放的务实举措和持续优化的营商环境，为各国提供更多新机遇，增强了世界与中国共同发展的信心。

五、教学深度反思

进博会对于青年学生而言其关注度、体验度和参与度都不是很强，所以在分析该案例之前，需要对进博会举办的背景及意义做一定的介绍。然后再结合政府公共关系和传播的相关知识，进行典型的案例综合分析。

进博会的主办方是中华人民共和国商务部和上海市人民政府，主体明确。从政府公共关系的角度讲，进博会有对内、对外两层意义，对于国内，进博会的举办将有利于优化营商环境，促进政府提升为企业服务的意识和能力，加强企业在研发、管理、市场等方面的相互学习，提升市场活力，丰富了中国消费者的选择。从对外的角度来看，上海进博会是中国坚持对外开放政策的具体措施之一，中国通过举办这一以进口为主题的国家级会展向世界表明，中国的市场是开放的，中国政府鼓励、欢迎世界优秀企业、优秀产品进入中国市场。

公共关系强调既要做得好，也要说得好。中国举办进博会的目的是主动扩大进口，加强对外合作，坚定不移奉行互利共赢的开放战略。如何精准、有效地将这一声音传递给全球，说好进博会的故事是一项重要的任务。主流媒体通过媒介融合和技术创新，形成强大、立体、持续的宣传模式，向大众绘出一幅中国与世界高速接轨、互利共荣的生动图景。

参考文献

［1］陈茜. 关于进博会：哪些机遇可以惠及全球［J］. 商学院，2019（12）：88－89.

［2］刘馨蔚. 向中国出口脚步加快 数字贸易渐成主流［J］. 中国对外贸易，2019（12）：39－41.

案例二十五　新国潮带领中国品牌走向世界

——用潮流传播中国美学、弘扬民族文化

一、结合课程内容

社会组织形象/品牌形象的塑造、企业的社会责任

公共关系传播/传播的基本要素

二、高阶思维引导

习近平总书记于 2018 年 8 月在全国宣传思想工作会议的重要讲话中提出："要推进国际传播能力建设，讲好中国故事、传播好中国声音，向世界展现真实、立体、全面的中国，提高国家文化软实力和中华文化影响力。"[1] 从传播的角度讲，要想达到好的效果，就要具备好的传播要素。"老国货"为什么能够吸引消费者，并且"墙外开花"，因为其产品、设计、渠道都是经过精心打造，既契合了受众心理需求，又能够成为用户生成内容，从而形成传播的聚合力量。

中国企业在世界 500 强企业中的数量已跃居第一，但在世界前 100

名的品牌价值排名中，中国企业的占比很小。案例中出现的李宁、安踏等中国体育品牌曾经举步维艰，忽略品牌价值与服务是根源。而这些企业成功转型中蕴含了品牌形象塑造的基本原则和规律。"国潮"企业，将传播东方美学、弘扬民族精神、传播中国文化、满足公众需求有机融合，强调要在生产过程中对人的价值的关注，强调对环境、消费者、对社会的贡献，是他们赢得利润、取得成功的重要机制，也是企业社会责任的重要体现。

三、思政育人价值

涵养爱国主义。爱国主义是指个人或集体对祖国的一种积极和支持的态度，是人们对自己家园以及民族和文化的归属感、认同感、尊严感与荣誉感的统一。爱国主义集中表现为民族自尊心和民族自信心，不仅体现在政治、法律、道德、艺术、宗教等各种意识形态和整个上层建筑之中，而且渗透到社会生活各个方面，成为影响民族和国家命运的重要因素[2]。当代青年大学生在表达爱国的方式上表现出时代性潮流，他们可以把这种情感体现在穿在身上、吃在嘴里、用在手上。作为教育工作者，应更多地去发现、认同并挖掘他们的爱国意识，并在教学中积极引导学生，形成爱国不"土"，爱国很"潮"的观念。

树立文化自信。习近平总书记在庆祝中国共产党成立九十五周年大会上的讲话强调："文化自信，是更基础、更广泛、更深厚的自信。在五千多年文明发展中孕育的中华优秀传统文化，在党和人民伟大斗争中孕育的革命文化和社会主义先进文化，积淀着中华民族最深层的精神追求，代表着中华民族独特的精神标识。"在西方意识形态的不断渗透中，很多青年大学生容易受到潜移默化的负面影响，我们要将课堂作为传播中国文化的知识阵地、思想阵地，帮助大学生在文化自信上"知行合一"。

认知中国智造。中国制造（Made in China）遍及全球，中国拥有了"世界工厂"的地位。但是，世界对"中国制造"毁誉参半。制造业是国民经济的主体，面对制造业大而不强的问题，"中国制造"正加速迈向"中国智造"的新征程。让学生认知这种转变的历史背景、现实条件、战略部署等，也能够让学生体会到自身的时代责任。

四、案例内容描述

新国潮带领中国品牌走向世界①

对于一个拥有五千年悠久历史的国家来说，中国的"国货"曾长期被世界视为好东西，引领着那个时代的"潮流"。到了今天，"李宁""百雀羚""故宫文创"等一系列老字号"国货"通过与消费者交流之后的焕然一新，使得年轻一代的国家民族意识逐渐唤醒，中国审美情愫逐渐苏醒，老品牌、新国货、东方与西方、传统与现代，开始了一场经久不衰的对话。市场上应运而生出现了"新国潮"的概念，于是一大批"老国货"也被冠以了"新国潮"的标签。

2018 年更是被称为"新国潮"崛起元年。这一年发生了些什么？

中国李宁走上时装周，RIO 花露水鸡尾酒卖成爆款，故宫彩妆成年

---

① 案例根据以下资料整理：[1] 中哲视觉. 定义"新国潮"，发现臻"国货" [EB/OL]. 搜狐网，2019 – 05 – 31.；[2] 公关界的 007. 新国潮崛起史 [J]. 现代企业文化，2019（16）：72 – 73.；[3] 张明. 新国潮时代，消费者为什么买单？[EB/OL]. 腾讯网，2019 – 02 – 28.（表述略有改动）

底最大彩蛋……独特的中国品位在国内和国际上掀起了一股"新国潮"风尚，"国货真香定理"开始影响着越来越多人的购物车。

1. "新国潮"背后的商业逻辑

改革开放四十年，中国国力大增，已经成为世界第二大经济体。随着中国继续改革开放，中国在世界的影响力也与日俱增。以文化做使者，建桥梁，搭舞台，走出去，请进来，正所谓物质基础决定上层建筑，物质的强盛助推文化的繁荣！

当这种文化自信与民族觉醒相结合，"新国潮"的行动也自会应运而生。

当80后已经成长为新时代消费群体中高价位商品的主力消费群体之时，中国的主力消费人群已经基本完成了更迭换代。在这种中国崛起与文化觉醒所带来的互动互促的大环境下，当代消费者也逐渐树立起更加开阔的视野与更加自信、理性与知性的"新国潮"消费观。

除了文化的自信和消费者结构的改变外，"新国潮"之所以能成为一种风口、一种风尚也离不开传统"国货"的创造者们。在这个大时代里，自强不息，恪守工匠精神，品牌形象焕新，建立与消费者全新沟通方式，以原有的中国情怀演绎全新的时尚文化。当"国货"选择、参与并助推"新国潮"这场运动，在获取更多商业价值的同时，也是中国品牌置身于这个大环境的文化血脉使然，是品牌（国货）对于消费者追求美好生活最大限度的满足。更重要的是，老品牌（国货）借助中国文化、东方符号，实现与消费者互动与交易，实际上也是对传统文化的一种传承与保护。因此，无论是文化传承还是品牌的商业价值都由此形成一个螺旋式上升的良性循环。

2. "新国潮"焕发生机，走出国门

事实上，早在2017年，国务院便将每年的5月10日设立为"中国品牌日"，旨在扩大自主品牌的知名度和影响力。仅仅两三年的时间，新老国货就在"国潮"带动之下焕发出前所未有的生机——不少国货不仅成了国内新一代消费者首选，更在世界年轻消费群体中站稳了脚跟。从发起到崛起，国货们是如何一步步将"国潮"带向世界？

"国潮"概念的出现，可追溯至前些年百雀羚、卫龙辣条、老干妈和回力鞋等老字号的线上走红。通过主动或被动的品牌年轻化焕新和消费者沟通，年轻一代开始逐渐认识到新国货在怀旧情怀之外的新魅力。但"国潮"一词真正被热议，还是要从李宁走上时装周算起。

2018 年年初，一则有趣的新闻刷爆了朋友圈——李宁带着"中国李宁"潮 T（恤）和"悟道"潮鞋走上了纽约时装周，用新东方美学与中国哲思理念征服了国际秀场。自此，这个中规中矩的国产运动品牌完全打破了大家对它的原有印象，通过时装周走秀，正式在国际上确立了"国潮"地位。随后，近两年转型颇为成功的太平鸟、安踏等品牌，也接力李宁，再战时装周，用年轻、国际化的形式演绎中式情怀，将"国潮"话题推向顶峰，并反哺国内时尚圈。

有的国货是直接跨进国际时尚圈，而有的则靠着产品在国外的高人气，被推进了时尚圈。留学生之光老干妈、东方秘药川贝枇杷膏和云南白药等国货，就在国外凭借硬核中式风意外走红，一度在亚马逊被炒到高价，在国内引起热议。借着这股东风，老干妈卫衣、云南白帽衫等顺势被推出，让国民女神在时尚界正式出道。把中国品牌穿在身上成为潮人必修课，中国"国货"与"国潮"再次席卷国外朋友圈。

我们可以看到，在国潮崛起的第一阶段，不管是李宁还是老干妈，他们的路线均是先走向国际舞台，率先用中国品位征服了国际审美，在积累了一定的名声之后，以此为背书，转战国内，打出"潮牌"印象，正式掀起了"国潮"风。这是在新东方美学崛起背景下的必然之路，也是中国国货对外和对内建立文化自信的一个过程。

如果说"国潮"第一阶段是新国货主动对外的文化输出，那么在第二阶段就已经有不少外国人开始了主动探索中国"国潮"，中国国货已然开始了文化的被动输出。

五一小长假期间，国内外又惯例掀起游客热，但 2019 年游客热之外，微博上还掀起了另一阵"外国友人眼中的国货热"。几条外国友人主动尝试国货的视频在五一期间爆火，准确演绎了第二阶段里，外国友人对于中国国货态度——中国潮流正在自内而外地影响世界，国内开花国外香正在成为国货常态。

（1）红遍内外网的美食挑战

在外国知名的美食测评秀 Jane's magical food show 里，中国螺蛳粉成为新一期的主角。螺蛳粉作为中国传统的地域性美食，因其独特的味道和文化魅力，在国内收获了大批信徒，近年更因为国内"嗦螺门"教派的创立而一度爆红网络。很快螺蛳粉的魅力从内网感染至外网，逐渐成了能与瑞典鲱鱼罐头媲美的中国代表网红食品，吸引来不少外国友人进行美食挑战，并征服了不少外国胃。

（2）包装上的新东方美学

美食挑战还属司空见惯的话，"椰树椰汁包装走进国外大学设计课"这个消息足以让你发出一声"OMG"。

豪放不羁的字体和大胆的色块碰撞，让椰树椰汁在国货中独树一帜。"据说是老板本人用 Word 排的"和"酷似你懂的网站"这两个梗，更是让其包装在国内备受热议。

或许椰树椰汁的设计概念并非视频中讲的那么严谨，但从国外课堂一本正经对椰树椰汁的设计进行分析点评，我们可以看到的是，国外对中国现下流行审美的重视。这也意味着"国潮"发展已经从迎合国际审美，到如今国货们逆向影响国际审美。

（3）中国情怀玩出文化无界

关于美味，中国网友很早就有了共识——"西瓜最中间那一勺、糖拌西红柿剩下的汤和旺旺仙贝上的那层粉"。旺旺仙贝上面的粉因为其鲜美无比的味道和秘不外传的配方，在国内收获了大量的"旺旺仙贝粉的粉"——有人吃仙贝只舔粉，有人刮了三个小时只为独享一碗仙贝粉……几乎所有中国 90 后童年里都有吃完仙贝，再吮吸指尖残留仙贝粉的经历。但谁都不会想到，旺旺仙贝粉还能在多年后会把粉丝群扩张到外国朋友圈。

视频中的旺旺仙贝粉摇身一变，成了神奇的"嚓嚓粉"，拥有着让章鱼烧获得鲜美新生的魔力。

而章鱼烧也只是开始，旺旺仙贝粉的魅力自此一发不可收拾。这种带有浓烈中式童年回忆色彩的粉末，很快被中外网友玩出了花——有人把它当佐料洒在烧烤上、泰式汤米粉里、旺仔牛奶里；有人用它做仙贝天妇罗、越式风味牛肉面包卷等创意美食；死忠粉则用旺旺仙贝粉蘸一切——油条、面条、馒头……无所不蘸。从国内到国外，旺旺仙贝粉的UGC 玩法每天都在上新。

甚至还有不少人呼吁，旺旺应该赶紧推出旺旺仙贝粉单品，让它单飞出道。像曾经的卫龙辣条和老干妈，"旺旺仙贝粉"正式接棒，成了新一代的"国潮产品代表"，中外网友们在旺旺仙贝粉的玩法创作中，也毫无文化壁垒可言。

从螺蛳粉、椰树椰汁到旺旺仙贝粉的国内外走红，我们可以清晰地感受到，中国国货已形成一股具有世界影响力的文化潮流，并成为国外友人争相追逐的对象。

从国外开花国外香，到国内开花国外香，"国潮"一词的底气也越来越足。究其根本，一是中国经济腾飞带来的文化强势。二是国货们在时代背景下的自强不息。坚持国民情怀、集体形象焕新、与消费者建立全新沟通方式，国货们全都在以原有的中国情怀，演绎新的年轻文化。第三不能忽视的是国内电商平台的同步助推。从李宁到老干妈，从旺旺潮服到 RIO 花露水鸡尾酒，从 2018 年起，脑洞大开的国货们就开始在天猫上联手合作、共同玩耍，通过年轻人脑洞大开的营销手段，成为年轻一代的关注焦点；天猫亦通过个性化的定向人群运营，让消费者在天猫平台重新发现中国品牌，自主创造属于每一个人理想的中国潮流——天猫国潮行动就此启动。

天猫发布的消费大数据统计显示，2018 年，搜索"国货"相关商品的用户增长 14.73%。对年轻消费者而言，买国货、用国货、晒国货，已经成为一种新的日常生活方式。新国潮到来，已经不仅仅局限于老国货的复兴，变得更加多元且更具活力。

2019 年，天猫全面助推"国潮"进入新阶段，从战略层面启动"新国货计划"。联合全球顶尖资源与高潜品牌，对国货和"国潮"进行再升级，并精准对标 Z 世代，使其成为"新国货"下成长的一代。天猫在"中国品牌日"这个节点上，联合百大品牌为年轻人打造一场属于国货的狂欢，将更有创意的系列跨界新品集中在天猫首发。此举既是彰显国货实力，提升民族自豪感，也是一个对年轻一代集中输出"国潮"概念的好时机。

在当代年轻人对"新国潮"越发追捧的刚性需求下，越来越多的中国老牌开始转变思路，俯身倾听年轻人的心声，抬头谋划新征程的路线。强势文化的对外输出，向来是历史发展的必然方向。面临着这样一个大好的时代背景，国货们又有品牌与平台的双重助推，"国潮"未来必将看点十足。

五、教学深度反思

该案例与青年学生的生活契合度较高，共鸣性好。案例中涉及的"国潮"品牌数量、种类丰富，且学生有一定的体验基础。

部分大学生对中国传统文化的认同感不高，对民族的传统文化大多不甚了解，或者没有兴趣，而对一些所谓"时尚文字"以及一些"洋节日"却乐此不疲。我们可以通过案例，证明传统的不代表过时、落后、土气，传统的东西一样能够焕发青春与活力，引导潮流。同时，民族的也是世界的，学生能够感受到中国的产品可以成为世界潮流，这是对青年大学生民族情怀的丰富滋养。鼓励、引导大学生用他们喜欢的叙事方式表达爱国主义和民族自豪感。

从传播的角度，"新国潮"是一种文化，文化的本质是文以载道，以文化人；文化的生命力在于传承、创新与发展。努力发展具有中国特色、中国风格、中国气派的优秀文化，并通过符号化、商品化的形式输出，理应成为中国对外传播的有效途径[3]。

参考文献

[1] 习近平. 坚定文化自信，建设社会主义文化强国 [J]. 小康，2019 (19)：22.

[2] 宋戈. 新时代视角下爱国主义教育的思考 [J]. 智库时代，2019 (52)：286 – 287.

[3] 曹征海. 论中国特色社会主义新闻传播理论的建构 [J]. 学术界，2015 (09)：5 – 41，323.

案例二十六　奔驰宣传海报事件

——品牌运营忌价值观"双标"

一、结合课程内容

公共关系传播/传播模式

社会组织形象塑造/企业社会责任

公关策划/公关策划伦理

二、高阶思维引导

作为德国百年品牌、高端汽车代表，不论是品牌影响力和营销策划能力，奔驰并不存在"手滑"或"无知"的可能[1]。若基于"反向思维"精心策划"另类"事件，制定针对性炒作策略，以实现品牌传播性价比的最大化，很可能是损害社会的毒瘤，损坏公关环境。跨国企业在品牌全球化战略实施过程中，需要兼顾当地的政治环境、民俗风情，谨慎、不犯低级错误是最基本的。从公关策划的角度，规避敏感事件与话题，是最基本的常识和职业操守，要尽可能坚守社会伦理，不应挑战道德底线和法规红线。如果错误已经发生，向公众道歉要有诚意，道歉的前提是态度，没有诚恳态度的道歉只会掀起舆论更大的波澜。

三、思政育人价值

维护中国"核心利益"不容侵犯。中国的"核心利益"主要表现为领土完整、主权独立、生存权、发展权等方面。众所周知，达赖喇嘛是藏独头目，是企图分裂中国的势力代表。西藏是中国领土的一部分，在历史和法理上都有坚实的依据。作为一家全球知名的跨国企业，戴姆勒－奔驰公然挑战中国人的底线。

读懂西方价值观的"双重标准"。西方媒体对该事件的荒谬评论，这一现象并不奇怪，这是西方世界观和价值观赤裸裸的反映，是他们一贯运用的颠倒黑白伎俩。这也给当代中国青年上了一堂生动的教育课。我们不必期待西方政客或者媒体会对世界上发生的同类事情"一视同仁"，尤其是在对待中国的各种问题上，他们不会放弃"双重标准"。我们唯一能做的是"做好自己的事，说好自己的话"，自强不息。

四、案例内容描述

奔驰宣传海报事件①

2018 年 2 月 5 日，梅赛德斯奔驰在国际社交媒体 instagram 官方账号上发布了一张海报，宣传奔驰 C 级 Coupe 轿跑，海报上赫然标上了一

---

① 案例根据以下资料整理：［1］汽车. 奔驰公司频繁挑衅中国，意欲何为？［EB/OL］. 新华网，2018 - 02 - 07.；［2］秦宁. 奔驰，你这样做就是与中国人民为敌！［EB/OL］. 人民网，2018 - 02 - 06.；［3］冯谦，王跃然. 奔驰被骂"没骨气"！德媒引以为傲的批判实为两副面孔［EB/OL］. 人民网，2018 - 02 - 09.（表述略有改动）

句所谓的"达赖名言"。甚至，奔驰还为这张宣传照配上了这样的文案：以达赖喇嘛对生活的全新视角开启新的一周。这一公然挑战中国核心利益底线、挑衅伤害中国人民情感的海报一经发布，便激怒了无数网友。

2月6日下午，奔驰在官方微博发布致歉声明。称关注到公司在国际社交媒体上一则包含极为错误消息的发布，为此诚恳道歉。奔驰公司表示，尽管第一时间将相关信息删除，但深知此事对国人情感造成的伤害，对此致以最诚挚的歉意。奔驰公司诚恳接受各方就此事对其的批评指教。奔驰表示，将立即采取实际行动加深公司包括海外同事在内对中国文化及价值观的理解，并以此规范其行为，杜绝此类事件再度发生，如图10所示。

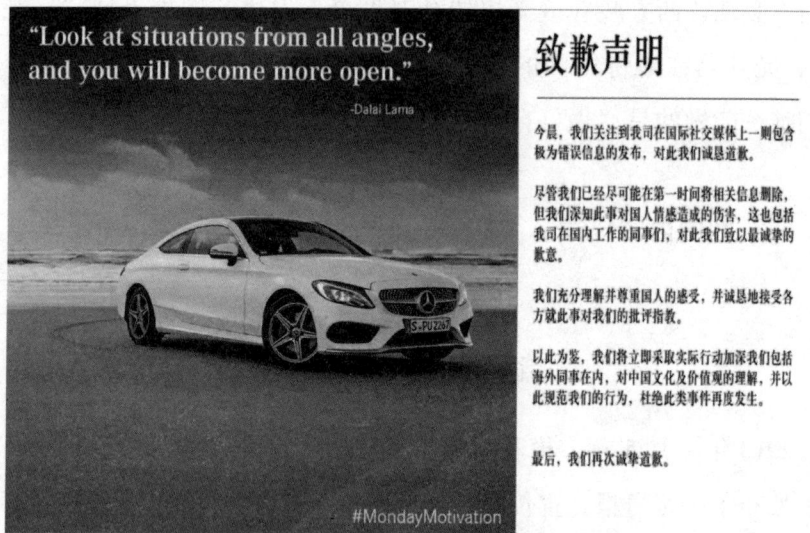

图10　奔驰海报与致歉声明（图片来自梅赛德斯－奔驰官方微博）

人们注意到，这份声明居然没有落款，且关闭了评论区。奔驰作为一家跨国企业，在中国取得了很好的成绩，成为中国豪华车市场的引领者。但这并不意味着就可以肆意妄为，无视中国的法律、肆意挑衅践踏中国人民的民族情感。有网友认为："发出这份不署名道歉声明的应该是奔驰中国公司，这是典型的德国总部发病，中国奔驰吃药。奔驰公司总部某些高管的脑子里的文化傲慢病、种族歧视病没有根治的话，我们很难相信这样的事情会不再发生。"

这不是奔驰公司第一次挑衅和侮辱中国人民的感情了。2016 年 11 月，某奔驰公司高管因车位问题发生纠纷时，就曾有过对中国人非常具有侮辱性的言行。2019 年 4 月，西安奔驰女车主因"漏油"问题的投诉，不但不像在其他国家那样被高度重视，认真解决，反而遭遇了傲慢的沉默和推诿。

中国外交部回应奔驰公司致歉：知错就改是做人做事的基本道理。然而，奔驰官微的致歉声明，以及在发表声明的同时关闭留言评论的举动，又激怒了一些网友。2 月 6 日，人民网评论《奔驰，你这样做就是与中国人民为敌！》，原文如下。

奔驰，你这样做就是与中国人民为敌！

据报道，北京时间 2 月 5 日深夜，奔驰品牌在其官方社交媒体账号上发布了一张奔驰 C 级 Coupe 轿跑的宣传照片，图片上赫然标上了一句所谓的"达赖名言"。甚至，奔驰还为这张宣传照配上了这样的文案：新的一周，从分享达赖喇嘛的新观点开始。

这是张不怀好意的海报，不只是冒犯，更是对中国人民的挑战。可恶之处，无须赘言。值得追问的是，在万豪事件尚未尘埃落定之际，为何仍有洋企业敢玩火？就在日前，戴姆勒大中华区董事长兼 CEO 唐仕凯表示："2017 年，梅赛德斯－奔驰在中国市场交付超 60 万台新车，创造了全球单一市场销量纪录。这得益于广大客户的信任……""得中国市场者得天下"，个别洋企业一边在中国市场捞金，一边伤害中国人民，究竟要干啥？

国家利益不容挑战。达赖欲以"自治"之名分裂中国，世人皆知。捧达赖的臭脚，就是与中国人民为敌。2015 年 8 月，习近平总书记在中央第六次西藏工作座谈会上强调，要旗帜鲜明向国际社会表明，中国内部事务不容干涉，中华民族大团结不容破坏，西藏主权归属不容置疑，西藏发展进步不容阻碍。传递的信号再明显不过，任何人、任何企业、任何国家都不能挑战中国的底线，都不能搞分裂中国的行动。戴姆勒公司身为老牌企业，岂能不知？明知故犯，而且还是如此"低级"错误，难道只是偶然？

作为企业，梅赛德斯－奔驰把"追求卓越"当作信条，常把社会责任挂在嘴边。但是，责任不是说出来的，而是做出来的，动辄突破底线，伤害中国用户，企业的责任感从何体现？真对企业员工负责，就不能炮制政治事故；真为企业前途考量，更不该越过中国人的原则和底线。

中国文化博大精深，更以包容见长。但包容绝非纵容，事关大是大非，不能有丝毫含糊。在海报上标注达赖"名言"，考虑中国人民的感受了吗？如果中国连分裂言行都要包容，岂不是丧失最基本的底线追求？不妨做一假设，如果某国企业为希特勒唱赞歌，把希特勒的"名言"广为传播，抑或奉德国分裂势力的言辞为圭臬，德国人会做何感想？显而易见，文化的包容不能成为跨国企业挑衅的理由。

今天下午，北京梅赛德斯－奔驰销售服务有限公司的官方微博@梅赛德斯－奔驰发布致歉声明，其中称"以此为鉴，我们将立即采取实际行动加深我们包括海外同事在内，对中国文化及价值观的理解"。不能说道歉不及时，但诚意不足。在中国赚得盆满钵溢，为何时至今日仍对中国文化及价值观缺乏理解？

达赖那句话可翻译为，从不同角度审视境遇，你的视野会更开阔。可是，中国的利益容不得任何角度的挑战，任何势力，拿分裂中国做文章都是可笑的，也是不能得逞的。如果继续伤害中国人民感情，不真正反思，再大的汽车公司恐怕也难以奔驰下去。

无论如何，抛开诚意与细节，奔驰在"事实上"是道歉了，并撤下了广告。然而，有意思的是，德国媒体却把奔驰的道歉评论为"没骨气"。

西方的普通人群，有可能只是把达赖的一句话当作心灵鸡汤，并没有联系到政治。但作为奔驰，作为媒体，不可能不清楚达赖这个名字和他的主张是紧密联系在一起的，不可能不清楚达赖反华分裂的本质，也不可能不清楚必然会伤害中国人民的感情。其实，德国媒体的反应是西方媒体在涉华问题上司空见惯的伎俩，也再一次折射出其"双重标准"的嘴脸。

2017 年底，西班牙加泰罗尼亚"闹独立"在欧洲大陆惊起轩然大波。结果，这场独立运动几乎遭到整个欧洲的口诛笔伐。运动发起者、加泰罗尼亚自治区前主席普伊格德蒙特被西班牙政府通缉。在欧洲人看来，尽管加泰罗尼亚在历史长河中与西班牙分分离离，民族也不一样，有自己的语言、独特的文化，但西班牙的主权统一、领土完整符合本国乃至欧盟甚至整个西方的利益，不容侵犯，不容挑衅。2019 年 2 月，西班牙检察机关对 12 名加泰罗尼亚独派领导人提出"煽动叛乱、制造动乱和贪污、滥用职权"等多项指控。

从欧洲人在加泰罗尼亚独立问题上空前一致的态度来看，他们对西藏问题牵扯的内核应该非常清楚，为什么揣着明白装糊涂呢？无非是他们总是从自身利益出发，对于符合西方利益的事件，以各种理由进行诡辩，粉饰"正义"；对于违背西方世界利益的事件，就以"民主""人权"，甚至国际法作为掩护，毫无底线地捏造事实。西方世界媒体外宣的双重标准玩了这么多年，已经路人皆知。

五、教学深度反思

这一案例蕴含的知识点丰富，事件呈现直观，教学中可以嵌入公关策划、企业责任、传播模式、危机管理等知识点。

毋庸置疑，中国已经成为全球最重要的汽车市场。为了在中国市场继续发扬光大，奔驰推出更多更符合中国消费者口味的新产品可以理解，但除了产品本身品质与服务要与时俱进，价值观的传导也体现了企业是否尊重顾客、尊重市场、尊重社会的理念。戴姆勒－奔驰在广告中犯下这样的错误，的确很不应该。公关策划要讲情感性原则，要以公众为导向，研究公众目标的风俗文化、民族传统、消费习惯，设法与公众的心理贴近。

无论是"把关人模式"还是"两级传播模式"，媒体自身的价值观隐藏着话语建构者的意识形态，进而影响着受众的价值导向。本案例可以给大学生带来启示，既要注重新闻内容本身，也要思考新闻背后的意识隐藏，这也将有利于青年学生思辨、批判能力的培养。

参考文献

[1] 合力博睿. 追求知名度还是兼顾社会责任？公关策划的伦理拷问 [EB/OL]. 合力博睿官网，2018－02－24.

案例二十七　星巴克"种族歧视"事件

——有效应对危机需要全员公关

一、结合课程内容

危机公关/危机管理

公共关系客体/顾客关系、员工管理

二、高阶思维引导

所谓全员公关就是企业员工以团体认同意识与外界联系的集合行为[1]。是一种社会组织中所有工作人员都参与公共关系活动的理念，简称"全员PR"，特别是对于统一品牌的连锁经营型企业，增强全体员工的公关意识，促使他们形成更强烈的组织形象意识，不断提高自身素质，每一个岗位从本职工作入手，把公关理念贯穿于组织的各项工作中，为树立良好的组织形象奠定基础。组织的公共关系不是孤立的，是需要渗透到组织运行的各个环节的，应该说，事件中店员的处理方式欠妥，这也是后来组织对所有商店进行培训的原因之一。星巴克管理团队对于该事件的处理态度明确，措施具体。虽然概括起来就是主动认错、资助受害者、全员培训三个环节，但层次清晰，针对性强。平衡了媒体、消费者、当事人、员工各方利益，既解决了当前危机，也面向未来开展整顿。说明在应对危机时系统性思维不可或缺。

三、思政育人价值

正确认识西方国家的社会问题。当代大学生早已不再是"西方的月亮都是圆的"认知阶段，能够相对理性地认识社会制度、意识形态、语言文化的差异。美国的种族歧视问题依然严峻，美国还远未进入所谓的"后种族"（post–racial）时代。即便是入主白宫的具有黑人血统的奥巴马，他也仍然受到种族歧视的干扰，以致他感慨美国"从来没有为彻底解决这个问题真正尽己所能"[2]。我们要进一步帮助大学生认识到西方的种族主义、民粹主义等顽疾及其历史背景、政治法律渊源等。有利于提升大学生制度自信、文化自信。

培养大学生高尚的人格特质。由于社会环境的不同，中国的大学生本身可能没有"种族歧视"的概念，但随着我国进入新时代，国际形象越来越好，可以预见未来在中国居住的人群肤色呈越来越多种的趋势。最近中国政府也正在向全社会征集《中华人民共和国外国人永久居留管理条例（征求意见稿)》意见。我们要让中国的青年人具备良好的人格特质，懂尊重、讲平等、促友善。

四、案例内容描述

费城星巴克"种族歧视"事件①

1865 年，第十三条修正案被纳入美国宪法，美国全国范围内废除奴隶制。这是美国历史上又一具有里程碑意义的伟大事件。对黑人奴隶而言，其意义之重大更是不言而喻，因为他们终于摆脱了数百年"动物或工具"的身份而成为法理上的"人"。

即使历史已经进入 21 世纪，美国社会的种族歧视事件依然层出不穷。比如 2014 年"弗格森枪击案"判决结果引发了美国近年来最严重的骚乱。对于一家企业而言，如果遇到种族歧视这一敏感问题，会令组织立即陷入舆论的漩涡，我们来看看星巴克的应对。

2018 年 4 月 12 日，两位非洲裔美国人在宾夕法尼亚州费城的一家星巴克咖啡店等待朋友，其间一直没有点餐。当他们欲借用店里的厕所时，遭到店内员工的拒绝，理由是其未在星巴克消费，所以不能"享用"厕所，店员还要求他们离开星巴克。但这两位非洲裔美国人一直待在店里不肯离开，随后店员报警。警察闻讯赶来后，用手铐将两位非洲裔美国人带走，在扣留数小时后对两人予以释放。

这一看似微不足道的"小误会"，被一名店内顾客拍摄成视频，随后在社交媒体上播发，引发社会广泛关注。尤其是两位非洲裔美国人被警察用手铐带走的画面，被网友广泛传播。通过这段视频，人们发现这

---

① 案例根据以下资料整理：[1] 工人日报. 星巴克风波下的"美国梦想"[EB/OL].
中国经济网，2018 - 04 - 20.；[2] 环球网. 星巴克门店歇业半日是因为什么？"星巴克事件回顾"[EB/OL]. 百度网，2018 - 05 - 29.（表述略有改动）

两名所谓的"嫌疑人"在店内并没有任何不当的举动，他们进店的原因只是想等候朋友和借用洗手间，但后一要求被店员拒绝，理由是他们没有在店内消费。遭到拒绝后，两人就安静地在店里等候朋友，直到被警察铐走。许多人认为，"店员报警和警方逮捕只是因为肤色问题"。两位非洲裔美国人的律师称，两人原本约在咖啡店谈业务，之所以未点餐是因为在等待其他朋友的到来。

两个生活并不窘迫、看起来也不像流浪汉的非洲裔男子并无任何暴力举动，只是因为没点咖啡想用洗手间就被人报警逮捕。这一不合逻辑的事件很快开始向着种族歧视的方向发酵。正如一位当天事件的目击者在自己的社交网站上所写的那样："我们这些在场的白人疑惑的是，为什么这样的事从来没有发生在我们身上。"甚至就连费城警察局长理查德·罗斯都忍不住在社交媒体上就此点评说："作为一名非洲裔美国人，我深知其中隐含的偏见和歧视。"

费城有40%以上的人口是非洲裔。事件发生后，当地非裔民权组织"黑人的命也重要（The Black Lives Matter）"很快在涉事星巴克门店门口举行了抗议，社交网站上则出现了抵制星巴克的倡议。

接连数日，不少人前往该店进行抗议。4月16日，数十名示威者冲进事件发生的那间星巴克咖啡店，手持标语，高喊"抵制星巴克的种族歧视行为"的口号，要求星巴克开除涉嫌种族歧视的员工，要求警方追究逮捕黑人的警员。抗议活动导致该店营业一度中断，一时间"星巴克歧视黑人"的说法不胫而走，并在媒体上愈演愈烈。

其实这并不是星巴克第一次涉及"种族歧视"问题，如果要去扒一扒的话，这些黑历史还真是不少。星巴克此次的事件引人深思，对于美国这个多民族裔族的国家，积极引导并尽量避免种族歧视是值得政府与公民共同重视的问题。

星巴克在危机发生之后，CEO凯文·约翰逊（Kevin Johnson）发布声明称，星巴克坚决反对种族歧视，将对此事展开详细调查，亲自向涉事黑人道歉；星巴克在5月2日与两名涉事男子达成共识，双方约定，星巴克将资助两人上大学；同时，星巴克还宣布将在5月29日对全美8000家星巴克门店停业半天，对所有员工开展"反种族歧视"的培训。

纵观星巴克采取的危机应对措施，有几点是值得肯定的。

首先，星巴克坚持了系统性，打出一套"组合拳"。"种族歧视"危机发生之后，迅速组建危机处理团队，并由公司的最高领导人亲自出面，做出表态，澄清事实，主动道歉。向公众表明了态度，主动示弱，这是危机公关的先决条件。积极与当事人沟通，拿出诚意，达成协议，并立即推出整改措施。

其次，星巴克采用软公关化解质疑。通过协商，与两位当事人达成共识，资助他们上大学，既补偿了利益受害人的权益，也否定了星巴克被指责为种族歧视的价值观质疑，这是星巴克用实际行动反击谣言的重要一步，同时也是转危为机的重要契机。

再次，专门开展了"反种族歧视"培训。8000家门店停业半天一定会导致巨额的经济损失，但是，通过这一行动，星巴克能够强化内部管理，统一价值认知，向外界充分体现企业良好的管理形象。

五、教学深度反思

该案例的叙事过程相对简单，教学中可以嵌入如全员公关、顾客关系处理、危机管理等知识点作为说明式案例，由此引导学生对其他国家人文环境的认知与理解，拓展国际视野。

就单个事例而言，这是一次成功的危机公关。位于费城的沃顿商学院的品牌学教授亚美利卡斯·里德认为，星巴克的公关很好地做到了三点：第一，要向受影响者表示同情；其次，要尽量控制事态发展；第三要证明你会采取行动[3]。但如果我们对星巴克的历史有所了解的话，这不是星巴克第一次出现和"种族歧视"牵连的事件，为何一而再、再而三出现类似事件，组织真的要好好反思企业价值理念的传导问题，毕竟公共关系不是消防队员，不是每场火都能扑灭。

在美国超市、商场等公共场所，非洲裔人士确实往往更受到保安、店员的"重点关注"，而发生在费城星巴克的事件只不过是美国社会种族歧视痼疾的最新注脚。所有顾客关系的管理，风险点都集中于"特殊顾客"，因为此类顾客可能有特殊的社会地位、身份标签、人格特征等，是需要有防御型公关措施的，特别是在美国特殊的社会氛围中，星巴克理应管控好这种风险。

表面上看，员工在处理此事件中并没有"犯错"，采取了最大程度防范门店风险的手段——报警。但恰恰是这种在美国社会标准化的操作，牵动了媒体和公众的敏感神经，造成星巴克更大的被动，也恰恰说明企业在员工管理中全员公共关系思维培养的缺失。

参考文献

[1] 韩秀景. 企业全员公关之我见 [J]. 河北大学学报（哲学社会科学版），1995（04）：120-124.

[2] 林怀艺，张进军. 当前美国的种族歧视问题探析 [J]. 思想理论教育导刊，2015（09）：82-86.

[3] 余平. 星巴克危机公关中的"无为"和"有为" [J]. 公关世界，2018（11）：56-58.

案例二十八　芝加哥泰诺胶囊中毒事件

——危机管理之典范

一、结合课程内容

危机公关/危机管理

二、高阶思维引导

该事件发生在 1982 年，当时的社会舆论监督环境远非今日，但是强生公司非常明智地采取了公开透明合作的姿态处理该事件，且具备坦诚沟通的态度，也非常清楚要与哪些利益相关者进行沟通，既控制了事态发展，也维护了品牌形象，创造了新的发展机遇。中国有句古话："祸兮福所倚，福兮祸所伏"，比喻坏事可以引发出好结果，好事也可以引发出坏结果。危机的发生是企业发展过程中的一种常态，面对危机，应学会从辩证的角度分析和判断。强生公司通过分析事件发生的原因，迅速进行创新设计，推出了三层密封包装的瓶装产品，杜绝了人为投毒的可能性，迎合了公众需要产品安全、对产品信任的心理。强生公司还通过媒体表示感谢美国人民的支持，并赠送优惠券促销。这一系列的措施，使强生的泰诺仅仅花费了几个月又重新崛起。我们必须清楚，随着互联网和自媒体的迅速发展，在今天的舆论环境下，危机会让组织瞬间成为舆论的焦点，在信息处理上稍许的瑕疵都会引起快速的连锁反应，使组织陷于被动。

三、思政育人价值

公众利益至上。20世纪50年代以来，公共关系的研究者与实践者逐渐认识到"公众利益至上"的核心理念。面对外来突发事件引起的危机，强生公司选择了一种自己承担巨大损失而使他人免受伤害的做法[1]，首先考虑公众和消费者利益，向全国的药房和零售商发出通告，召回了大约3000万瓶泰诺胶囊，价值超过一亿美元，同时针对已售出的所有泰诺产品提供换货服务。强生公司的这一做法，被公认为有史以来企业为捍卫自己的社会声誉所做出的最强举措。《华盛顿邮报》对此的评论是："强生公司出色地示范了大企业应该如何应对一场灾难。"案例可以帮助同学们巩固"公众利益至上"的精神内涵，理解公众利益与组织利益本质上的一致性。

树立责任意识。公共关系上所说的责任范围是非常难界定的，通常不是狭义上的标准，比如法律意义上的标准。可以说，在此事件中，强生公司的产品被投毒，本身也是受害者，或者可以依据某些法律条文撇清责任，声称货架上的瓶装泰诺已经出售给零售商，所有权不再属于强生，强生因此不负有法律责任。但强生公司显然认识到他们所面临的不是这样一种认知标准。任何组织都和社会有联系，因此组织必须达到的最重要的责任标准，通常不是法律意义上的标准（尤其不是狭义的标准），而是基于公众认知所建立的标准，这种标准往往比法律定义的标准要高得多。大学生要树立正确的责任意识，公共关系强调的责任是一种广义的责任，是一种基于公众认知判断的责任，更加倾向于情感方面。

四、案例内容描述

芝加哥泰诺胶囊中毒事件①

20 世纪 80 年代初，泰诺（Tylenol）胶囊在激烈的美国止痛药市场竞争中，以 37% 的市场份额占据第一名而独领风骚，是美国强生（Johnson & Johnson）公司最重要的、利润回报最丰厚的主力产品。1981 年销售额占强生公司总销售额的 8%，年利润占强生公司总利润的 17%。

1982 年 9 月 29 日凌晨，在伊利诺伊州，年仅 12 岁的玛丽·克莱曼觉得自己很不舒服，像是要得重感冒，于是她叫醒了自己的母亲告诉她自己的嗓子很痛，鼻子也有一些塞。她的母亲便给她吃了一颗泰诺速效胶囊。

等到了早上 7 点，当她的父母准备叫女儿起床上学的时候，却发现她已经倒在卫生间，奄奄一息。他们立刻叫来了救护车，可惜玛丽送院后证实已经死亡。当时医生初步诊断她是中风死亡。但是送她去医院的救护员却内心有一点疑惑，一个年仅 12 岁的小女孩，中风的概率实在

---

① 案例根据以下资料整理：［1］笔墨史书. 感冒药杀人事件［EB/OL］. 搜狐网，2019 - 08 - 21.；［2］飞马网. 强生公司的"泰诺"事件［EB/OL］. FEMI 人工智能与大数据峰会官网，2014 - 04 - 30.；［3］东方头条.1982 年美国强生扑热息痛无差别投毒恐袭悬案［EB/OL］. 东方资讯网，2017 - 05 - 01.（表述略有改动）

有点低。最终，医生只能告诉玛丽的父母，玛丽很可能是因为倒地之后重击撞到了头部，导致的大脑急性中风猝死。

玛丽的死并没能引起什么波澜。只是此时的人们不知道，这个可怜的小女孩的遭遇只是一个开始。

1982年9月29日的中午，附近阿林顿镇27岁的邮递员亚当·詹诺斯也向急救中心打来了求助电话，说自己感觉不舒服。急救人员赶到时，发现他已经倒在地板上，呼吸困难，瞳孔固定扩张。救护员火速把他送到急诊室，但是没过几分钟，医生便证实亚当·詹诺斯已经死亡。而医生的诊断为心脏病突发。

1982年9月29日晚上，亚当25岁的弟弟斯坦利和19岁的新婚妻子特丽莎因为难过，又加上因为哥哥的去世忙了一天，感到有些头痛，斯坦利在亚当的橱柜上看见一瓶速效泰诺胶囊，就拿出一粒自己吃了，又给妻子吃了一粒。没想到没多久，这对可怜的新婚夫妇也倒在了地上昏迷不醒，送院后同样抢救无效死亡。

此时，接连的死亡事件不仅引起了死者家属的怀疑，消防队和救护人员在交流工作信息的时候也感到了事情不是那么简单。救护员互相了解到，这两个镇子死亡的四人，死前都吃过泰诺感冒药。他们感到非常震惊，而这可怕的消息也流传开来，终于引起警方注意。他们随即到了亚当和玛丽家里，取走了死者生前吃过的那一瓶泰诺感冒胶囊回警局调查。当时的泰诺感冒胶囊如图11所示。

毒物专家迈克尔·夏弗尔检查了这两瓶泰诺胶囊，他发现这两瓶感冒药的批次编号均是：MC2880，而当他检查药品时意外发现这两瓶药品都带有一股苦杏仁味。而经过对两家的死者血液化验，在四名死者的血液中发现他们血液内氰化物的含量远远超过了致死剂量，每个人的血液中的氰化物含量甚至都在致死剂量的100~1000倍。随后迈克尔化验了瓶中的药品，他发现内含大约 65 毫克的氰化物，足以致一万个成人于死地。

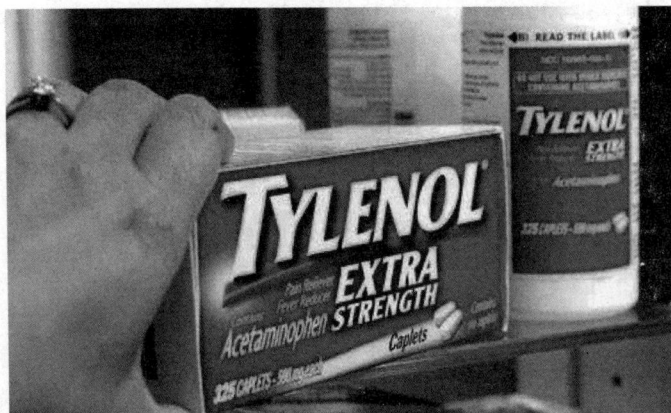

图 11 泰诺胶囊（图片来自百度图片）

同样是这一天，27 岁的玛丽莲·莱诺刚生完孩子正在家休养，服用了一颗从医院带回来的泰诺胶囊后，便倒地不起。

31 岁的便利店店员玛丽·麦克菲兰因为头痛，吃了店里的泰诺胶囊，不久后晕倒在店中，很快便死亡。

晚上，来自拉斯维加斯的空姐宝拉·普林斯，在芝加哥机场附近买了泰诺胶囊，服用后不久身亡。

令人震惊的消息传到了美国新泽西州新布伦瑞克市强生公司总部：在芝加哥，有七位病人服用了强生公司的泰诺胶囊后中毒身亡，当地法医已查明，这些病人服用的泰诺胶囊中含有大量剧毒的氰化物成分。危机乍现，来自媒体、药店、超市、医院和消费者的询问电话很快就铺天盖地而来，强生公司最先就是在接到媒体记者要求其就泰诺胶囊中毒事件进行评论的电话后才知道这一悲剧的。

猝击之下的强生公司随即成立了以董事长吉姆·博克（Jim Burke）

为首的七人危机管理委员会，他们立即搜集资料，核查事实，搞清了受害消费者的状况、有毒胶囊药瓶的标签号码、药品制造日期以及售出这些药品的渠道。与此同时，在危机管理委员会的领导下，强生公司果断展开了一系列极为高效的危机应对行动。

一、在最短的时间内，利用所有可能的信息发布渠道，向医生、医院、经销商等和用户发出警报，要求他们在事故原因没有查明之前停止销售和不要服用泰诺胶囊。

二、通知所有的销售渠道将泰诺胶囊下架，倾公司所有，投入巨资在五天内就召回了市场上所有的泰诺胶囊。

三、与媒体无缝对接密切合作，坦诚面对新闻媒介，指定专门的发言人代表公司迅速真实地向社会公众及时发布事件的最新进展情况。公司董事长博克给受害者家属写了吊唁信，并开通强生公司危机热线，方便消费者随时查询危机事件的进展等相关信息。

四、积极配合美国食品与药品管理局等相关部门对该事件进行彻查，投入大量人力财力和物力对 800 万瓶胶囊进行了检验，最终发现被投毒的胶囊源于同一批次，总计 75 枚。

五、停止播出泰诺药品的所有广告和推广活动。

六、着手研发更安全的药品包装方法，为已经购买泰诺胶囊的消费者更换新包装的药。在此次危机之后，强生公司将泰诺胶囊改为药片，创造性地研发出了锡箔纸药品包装方法。

当此次危机尘埃落定之时，强生公司泰诺胶囊以全新包装重新进入市场，其份额一度猛跌至 7% 以下。然而，五个月之后，泰诺胶囊在止痛药市场上的份额即回升到了危机之前市场份额的 70%；一年之后，这一比例被强势提升到了 95%。《今日心理学》杂志在泰诺胶囊遭遇投毒危机之后就"泰诺能否继续存在下去？"组织了一次读者调查，该调查结果显示，94%的读者对泰诺胶囊回归市场持肯定态度。据该杂志登载的部分读者的看法，他们认为泰诺"可靠、真实"，认为强生公司非常"诚实和真诚"。

五、教学深度反思

该案例是公共关系史上的危机管理经典案例，公关主体在面对由外来突发事件引起的危机时沉着应对，基本符合危机处理的承担责任（shouldering the matter）、真诚沟通（sincerity）、速度第一（speed）、系统运行（system）、权威证实（standard）的5S原则[2]。

强生公司在其泰诺胶囊产品遭遇投毒之后的一系列危机应对策略堪称危机管理的典范。第一时间组建以最高决策者为核心的危机管理团队，确定危机应对的策略。贯穿于强生公司应对泰诺胶囊危机整个行动过程的关键，就在于其基于利益相关者系统分析之后的坦诚沟通策略。这种策略主要体现在以下三个方面。

第一，积极面对，与媒体紧密合作。强生公司首先是从媒体获悉危机事件的信息，媒体也成为强生公司后来进行危机应对的战略伙伴。在坦诚沟通的框架原则指导下，强生公司不但指定专门的新闻发言人负责与媒体保持联系，向社会公众及时发布危机应对的最新消息，而且在危机管理过程中，董事长博克先生等强生公司高管人员主动接受媒体专访，第一时间通过媒体给消费者和市场成功传递了强生公司应对危机的信心，并向消费者传递必要的信息，如在危机当天让消费者立即停止服用泰诺胶囊的警示。

第二，果断决策，以公众利益至上。危机来临时，危机主体通常需要在"几害相权取其轻"的战略考虑中做出极为艰难的决策。在坦诚沟通的框架原则指导下，强生公司在第一时间即通告所有渠道将泰诺胶囊下架，在短短的五天内即召回了渠道中所有的泰诺胶囊。除此之外，强生公司快速推出了新包装的泰诺胶囊为已购买泰诺胶囊的用户换药，以避免更多的消费者可能受到伤害，减少消费者受到的损失。尽管据说这次泰诺胶囊召回行动所需成本为一亿美元。但是，强生公司董事会毅然快速做出了这一极为艰难和了不起的决策，并将其断然付诸行动，正是这种消费者利益至上的决策原则，为强生后来的强势复出和回归市场打下了坚实的基础。

第三，转危为机，寻找新的发展机会。所有的危机中，都蕴含着新的机遇和发展机会。在坦诚沟通的框架原则指导下，强生公司巧妙地将公众的注意力从药品被投毒这一危机事件引向了对药品包装的关注。当时美国政府和芝加哥等地的地方政府正在制定新的药品安全法，要求药品生产企业采用"无污染包装"。强生公司看准了这一机会，立即率先响应新规定，结果在价值12亿美元的止痛片市场上挤走了它的竞争对手，仅用五个月的时间就夺回了原市场份额的70%[3]。进一步奠定和巩固了强生公司在市场上的领导者地位。

参考文献

[1] 他山之石. 美国强生公司泰诺药片中毒事件 [J]. 广西质量监督导报，2011（01）：53.

[2] 游昌乔. 反败为胜——如何建立有效的危机管理体系 [M]. 北京：中国水利水电出版社，2007.

[3] 雷盟，雨阳. 知名危机管理案例分析 [J]. 新材料产业，2003（05）：81-83.

案例二十九　在抗击新冠肺炎疫情中
展示中国形象

——在逆行中彰显大国风范

一、结合课程内容

公共关系主体/政府公共关系

公共关系传播/国家形象传播

危机公关/危机的特征

二、高阶思维引导

　　中国在应对新型冠状病毒疫情时表现出来的担当和魄力有目共睹。中国采取最全面、最严格、最彻底的防控举措，有效遏制了疫情扩散蔓延势头。世卫组织称赞中国采取了"可能是史上最雄心勃勃、最快速和最积极的疫情防控努力"。外国领导人普遍认为，中国在抗击疫情中创造的这些"最"，是真正地对人民负责、对世界负责、对历史负责[1]。中国政府和中国人民用实际行动展现了中国力量、中国精神，彰显了中华民族同舟共济、守望相助的家国情怀。

"祸兮福之所倚；福兮祸之所伏。"在这场新冠肺炎疫情的公共卫生危机中，我们一方面付出了沉重的代价，经受住了多重困难考验；但另一方面，灾难也让中国的制度优势，国家治理体系和治理能力得到集中呈现，并有利于进一步完善和提升。同时，疫情在全世界爆发后，中国秉持人类命运共同体理念，公开透明分享疫情信息，与国际组织与世界各国精诚合作，为其他国家提供援助，积极提倡同舟共济、携手抗疫。有助于进一步提升中国国家形象与国际地位。

三、思政育人价值

增强四个自信。中国抗击疫情的态度、速度、效率是对中国特色社会主义制度优势的生动诠释。有利于增强当代大学生对中国特色社会主义的道路自信、理论自信、制度自信和文化自信，为实现中华民族伟大复兴的中国梦汇聚起磅礴的青春力量。

爱国主义教育。党领导人民抗击疫情的伟大实践，是一部生动鲜活的爱党和爱国主义教育实践教材，是一堂感人至深的爱党和爱国主义教育实践大课[2]。可以结合抗击疫情过程中的实践案例、感人故事，向他们传播体现社会主义核心价值观的大爱精神。

健康教育和生态文明教育。引导大学生注重公共卫生，珍爱生命，加强体育锻炼，提升身体素质，养成良好的卫生习惯和生活习惯，增强自身免疫力。增强大学生的生态文明和环境保护意识，引导他们尊重自然、敬畏自然，自觉保护野生动物。

四、案例内容描述

在抗击新冠肺炎疫情中展示中国形象①

2019 年 12 月以来，湖北省武汉市持续开展流感及相关疾病监测，发现多起病毒性肺炎病例，均诊断为病毒性肺炎/肺部感染。

2020 年 1 月 20 日，习近平对新型冠状病毒感染的肺炎疫情做出重要指示，强调要把人民群众生命安全和身体健康放在第一位，坚决遏制疫情蔓延势头。

当地时间 2020 年 1 月 30 日晚，世界卫生组织（WHO）宣布，将新型冠状病毒疫情列为国际关注的突发公共卫生事件（PHEIC）。世界卫生组织 3 月 11 日表示，新冠肺炎疫情的爆发已经构成一次全球性"大流行"。

新冠肺炎疫情暴发后，在以习近平同志为核心的党中央的带领下，中国政府采取了坚决有力的措施对疫情进行科学有效防控，并同世界卫生组织和国际社会保持密切沟通与合作，有效遏制了疫情蔓延。海外舆论高度评价中国在疫情防控方面表现出的坚定决心、付出的不懈努力和对国际社会的积极贡献，并对中国人民在抗疫伟大斗争中展现出的"中国力量""中国精神""中国效率"和"大国形象"表达了普遍赞誉。

---

① 案例根据以下资料整理：［1］2020 年新型冠状病毒疫情［EB/OL］.百度网，2020 -12.；［2］梁启东.切实坚持以人民为中心的防疫观［EB/OL］.人民论坛网，2020 - 03 - 10.；［3］李华，郑天骄.在抗击疫情中展示中国形象［EB/OL］.人民论坛网，2020 - 03 - 10.；［4］李晔晔.抗击疫情彰显了我国的制度优势［EB/OL］.人民论坛网，2020 - 03 - 10.（表述略有改动）

概括而言，中国抗击疫情的行动体现了四个方面的形象展示。

1. 体现以人民为中心的国家治理形象

"治国有常，而利民为本。"以人民为中心的发展思想，彰显了我们党治国理政的不变初心与使命担当。在新型冠状病毒肺炎疫情防控中，我们贯彻以人民为中心的发展思想，切实坚持和践行以人民为中心的防疫观，取得了积极成效。

新型冠状病毒肺炎疫情发生以来，党中央高度重视，先后召开多次中央政治局常委会会议，研究部署疫情防控工作。2 月 23 日又专门召开统筹推进新冠肺炎疫情防控和经济社会发展工作部署会议，习近平总书记发表重要讲话。始终把人民群众生命安全和身体健康放在第一位，是指导当前疫情防控工作的根本遵循。习近平、李克强等党和国家领导人先后赴武汉指导疫情防控工作。

生命重于泰山，人民利益高于一切。各级政府全力以赴救治患者，保障医疗防护物资供应，努力提高收治率和治愈率、降低感染率和病死率。强化对定点医疗机构、隔离场所等重点部位的安保工作，全力维护医疗、隔离秩序。加强心理干预和疏导，有针对性开展人文关怀。

在疫情防控工作中，党和政府高度关注人民群众的生活困难问题，切实保障基本民生。疫情直接影响居民收入，再叠加物价上涨因素，部分群众基本生活面临一定的困难。相关部门密切关注疫情对市场供求的影响，做好居民生活必需品保供调度，防止了物价过快上涨。确保了疫情期间基本民生服务不断档，并鼓励同群众生活密切相关的服务业有序恢复营业。强化对困难群众的兜底保障，鼓励有条件的地方可以适当提高价格临时补贴标准。

在疫情防控工作中，我们深入贯彻群众路线，调动和激发群众来参与这项工作，推动防控资源和力量下沉，把社区这道防线守严守牢。人民团体组织动员联系群众积极投身疫情防控。发挥行业协会、商会等社会组织的作用，指导和帮助企业科学精准防疫、有序复工复产。通过广大群众的积极配合和广泛参与，顺利完成"封城"、社区封闭管理、地毯式追踪、网格化管理、复工复产行动。可以说，人民群众的参与，是疫情防控战役是否成功的重要标志。

可以说，切实坚持以人民为中心的防疫观，是有效进行疫情总体战、阻击战的前提和条件，也是以人民为中心的发展思想的具体实践和生动体现。坚持以人民为中心的发展思想，始终维护和扩大人民利益，增进人民福祉，是我们党立于不败之地的强大根基，也是发展中国特色社会主义伟大事业的根本要求。

2. 彰显对人类健康负责任的大国形象

面对突如其来的新型冠状病毒肺炎疫情，中国为抗击疫情、控制疫情蔓延做出了艰苦卓绝的努力，并且始终秉持人类命运共同体理念，彰显负责任大国形象。

首先，中国始终对中国公民的生命安全和身体健康负责，始终把人民群众生命安全和身体健康放在第一位。党中央迅速做出决策部署，发挥基层党组织的政治、组织和作风优势，依靠人民群众开展联防联控；强调要为打赢疫情防控阻击战提供科技支撑，迅速查明病源，制定出临床有效的诊疗方法，不断提升治愈率、降低病亡率。控制住国内疫情增长，尽力维护人民群众的生命安全。另外，中国坚决维护海外中国公民安全与正当权益。中国设立专项领保机制，各驻外机构开展领事保护工作，为无法回国的中国公民提供帮助。所有驻外使领馆找寻和联系回国无门的湖北同胞，派出十余架次包机，从泰国、马来西亚、日本、越南、新加坡、印度尼西亚等地将滞留海外的湖北兄弟姐妹接回家。

其次，中国政府高度重视世界各国人民的生命安全和身体健康。依据世界卫生组织提出的政策建议及时表明立场，并与各国协商沟通，开启大规模撤侨行动，动用了200架客机，十天撤侨四万人，让全世界人民刮目相看。并多次召开外国驻华使馆（团）疫情防控通报会，展现中国政府重视外国在华公民生命安全和身体健康的负责任态度，努力为疫情防控营造良好国际环境。中国在自身抗疫的同时，积极援助他国，提供技术指导，提供物资帮助，并且派出多支医疗队赴伊朗、意大利、塞尔维亚等国；主动同世界卫生组织和国际社会合作，进行信息交流，为其他国家阻止疫情提供中国智慧、中国方案。

世界卫生组织总干事谭德塞高度赞赏中国在全球疫情的关键时刻克服自身的巨大困难，向其他发展中国家伸出援手。联合国秘书长古特雷斯表示，中国为抗击新冠肺炎疫情并避免其蔓延付出了巨大牺牲，为全人类做出了贡献。

3. 展示具有显著制度优势的强国形象

新型冠状病毒肺炎疫情暴发后，中国政府采取坚决果断措施，有效地遏制了疫情的传播，保障了广大人民生命财产安全，给人民群众以信心，中国必将打赢疫情防控阻击战。

全国上下一心，迅速行动，展现了中国速度——十天时间建成火神山、雷神山两座医院；三百多支医疗队，超过四万名医护人员驰援湖北；数日内武汉设立多家方舱医院……充分展现了中国政府有能力有意愿付出极高的代价来保障人民的生命财产安全，体现了中国共产党全心全意为人民服务的根本宗旨。以习近平同志为核心的党中央统一部署、统一协调，各级党员干部靠前指挥，坚守岗位，发挥了领导核心作用；坚持人民当家做主，尊重和发挥人民的主体地位，发扬人民民主，密切联系群众，团结、动员群众，紧紧依靠人民群众联防联控，打赢一场阻击疫情的人民战争；坚持全国一盘棋，国务院联防联控机制统一调度，各省市、地区秉持大局意识、全局观念，在做好本地防疫的同时，集中人力、物力驰援湖北、武汉；坚持依法防疫，切实保障社会公平正义和人民权利；坚持党对人民军队的绝对领导，确保人民军队忠诚于党的事业和人民利益，闻令而动，不怕牺牲，勇往直前……在应对这场防疫大考中，中国再次向世界展示了自身的制度优势。

针对在防控疫情工作中暴露的一些问题，中国政府也是抓住机会，迅速完善我国制度体系。中共中央政治局常务委员会会议强调：健全国家应急管理体系，提高处理急难险重任务能力。要对公共卫生环境进行彻底排查整治，补齐公共卫生短板。要加强市场监管，坚决取缔和严厉打击非法野生动物市场和贸易，从源头上控制重大公共卫生风险。要加强法治建设，强化公共卫生法治保障。要完善国家储备体系短板，优化关键物资生产能力布局，改革完善疾病预防控制体系、重大疫情防控救治体系，健全重大疾病医疗保险和救助制度。

法国前总理、法国政府中国事务特别代表拉法兰表示，"在疫情面前，中国政府展现出强大高效的组织和动员能力，令我印象深刻，这正是中国制度的优势！"

4. 显现中华民族具有强大凝聚力的团结形象

这次疫情，不仅让全世界感受到了中国的伟大，还体现了中华民族强大的凝聚力。在国家的召唤下，14 亿中国人民始终团结一致，众志成城，共克时艰，展现出无私奉献的中国精神！全国广大医务工作者奋战在疫情防控工作一线；全国各族党员干部坚守岗位，配合行动，强化防控措施落实，共同维护正常生产生活秩序；海内外同胞团结合作，凝神聚力共克时艰。

武汉是此次疫情的中心，抗疫形势最为严峻。疫情发生以来，各地方和有关部门秉持大局意识、全局观念，认真贯彻党中央、国务院决策部署，在做好本地防疫的同时，集中人力、物力驰援武汉。29个省区市和新疆建设兵团、军队等调派380多支医疗队，总计超过42000名医护人员驰援武汉；人民空军第一时间出动运输机30架次，紧急运送支援物资；84岁高龄的钟南山院士再次挂帅出征，亲临抗疫前线。多地工厂迅速恢复生产，或者转产口罩、防护服、护目镜等医用物资，首先保障武汉一线医护人员的防护供应；铁路、公路、航空、海关等交通部门为救援物资开通"绿色通道"；煤、电、汽等能源资源实行全国调配，保障武汉的充足供给。全国人民自发行动起来以个人或团体的形式向武汉捐赠钱财、物资，一辆又一辆货车满载着蔬果、粮油、医用物资奔走在前往武汉的高速路上。

疫情发生以来，身处世界各地的华人华侨倾情支援祖国抗击疫情，来自美国、日本、德国、加拿大、法国、英国、澳大利亚、俄罗斯、新西兰等国家的多家海外侨团侨社及国内侨企侨商通过多种渠道，向湖北各地捐款，捐赠消毒用品以及大批口罩、护目镜等医疗物资。中华民族团结一致，万众一心，凝聚成磅礴的中国力量，也向世界展示了中华民族团结合作的精神风貌。英国社会科学院院士、知名社会学家马丁·阿尔布劳表示，中国抗击疫情给全球留下最深刻的印象就是中国人民如何团结协作，万众一心，高度自律，并且在面对危机时始终保持了积极乐观的精神状态。

这次疫情如同一面镜子，将世界各国的国家治理体系、治理能力集中呈现。而中国以保障人民群众的最核心的利益诉求，将人民群众生命财产安全视为第一要务，从人民群众最本质的利益出发的制度优势，展现了中国之制、中国之治的独特魅力。中国在此次抗击疫情的表现令世界瞩目，为世界展示了对人民负责、对世界尽责的负责任大国形象，彰显了社会主义国家的制度优越性，显示了中华民族团结合作、共克时艰的集体主义精神的巨大作用。

五、教学深度反思

新冠疫情发生后，笔者养成了每天关注疫情防控新闻与报道的习惯。其间，萌生了要整理一个以此次中国抗击疫情为主题的公关案例的想法，放在本案例集的最后一篇。随着中国经济社会的快速发展，国家综合实力和国际地位的提高，最近几年，几乎在每一轮教学中，教学团队都会整理一些关于中国国家形象传播的新案例，从北京奥运会、上海世博会到 APEC、上合组织、金砖会议、南海主权、G20……应该说，之前的每一个案例都是中国主动出击，搭建沟通平台、寻求国际对话机制，传播中国形象的举措。

但是，此次抗击新冠肺炎疫情，是一次应对公共卫生危机的战役。十几年前，我们经历过类似的战役——"非典"，从"非典"到"新冠"疫情，中国的治理体系和治理能力不断提升。在此次新冠疫情防疫过程中，中国行动速度之快、力度之大、范围之广和成效之显著给世界留下深刻印象。世卫组织、多国领导人、世界媒体都给予了极高的评价。同时，中国在新冠肺炎疫情防疫过程中展现出的杰出的领导能力、高效的应对能力、强大的动员能力以及坚定的执行能力令世界赞叹。正因为中国在应对疫情中决策的快速、准确、高效，为世界防疫树立了典范。

转危为机是危机处理最理想的结果。虽然这次应对公共卫生危机的战役付出了极大的成本，这是危机本身"损害性"之必然，但是我们在此次行动中体现了坚强、充满信心和团结互助的精神，全国人民也必

223

将带着感恩、感动之情，以更加饱满的热情和动力投入到社会主义新时代的建设中，为中国创造更大的发展机遇。国际社会也将进一步读懂真实的中国，为中国的发展创造更好的外部环境。

参考文献

［1］人民日报．中国为全球抗击疫情注入信心［EB/OL］．人民网，2020 – 03 – 13.

［2］张立学．在防控疫情中加强大学生思政教育［N］．光明日报，2020 – 02 – 25：13.